한권으로 끝내는 NEW
SPA
기|출|공|략

Preface 머리말

　　취업과 승진, 주재원 파견 근무 준비와 영어 말하기 실력 향상을 원하는 SPA 시험 응시자들의 필수 학습서 "한권으로 끝내는 New SPA 기출공략"을 출간합니다.

　　본 교재는 영어교육전문가 Ally Park과 굴지의 대기업에서 면접과 코칭을 담당했던 원어민 강사 그리고 현재 강의를 진행중인 SPA 전문강사가 함께 만들었습니다.

　　'한권으로 끝내는 New SPA 기출공략'은 최신 및 최다 기출문제를 분석하여 목표 등급별 모범답변을 수록하였습니다. 본 교재는 SPA 시험을 위한 formal한 어휘의 사용뿐 아니라, 고득점 획득을 위한 다양한 문법과 표현을 제시합니다. 무료로 제공되는 mp3 파일을 통해 청취이해력과 발음 언어구사력에도 도움을 드릴 것입니다.

　　더불어, 앨리펀쇼(www.allyfunshow.com)에서 교재 및 동영상 학습 중 궁금한 점은 언제든 물어보실 수 있으며, 저자 직강 동영상 강의를 신청해서 교재를 보다 효율적으로 활용할 수 있습니다.

　　'한권으로 끝내는 New SPA 기출공략'과 함께 원하는 목표를 이루고, 영어실력에 날개를 다시길 소망합니다.

Ally Park

Features 구성과 특징

한권으로 끝내는 New SPA 기출공략

How to use this book

1. 기출문제 최다 수록!

꾸준히 출제되는 문제들과 최근 빈출되는 문제들이 수록되어 있습니다. 바쁜 직장인들은 시험 트렌드에 맞게 최단 시간에 집중적으로 공부하는 것이 전략입니다.
최신 빈출 문제를 중심으로 답변을 작성해 나가며 Unit 1에서 Unit 6의 순서대로 공부를 해 나갑니다.

2. 6가지 질문유형을 15개의 주제로 분류!

질문 유형별로 답변 전략이 다릅니다. 질문을 잘 듣고 어떤 유형인지 파악하여 질문에 맞는 답변을 연습을 합니다. 주제별로 어떤 기출이 있었는지 먼저 잘 듣고 자신이라면 어떻게 답변할 것인지 생각해 봅니다.

3. 등급별 모범답변 수록!

최근 답변에 대한 채점이 까다로워지고 있습니다. 이에 맞추어 등급별 모범답변들은 정확하고 수준 있는 어휘와 문법들로 구성되었습니다. 목표 등급에 따라 사용하는 어휘와 문법이 다르므로 자신이 목표하는 등급에 수록된 답변을 3번 이상 듣고 소리 내어 읽어봅니다. 입에 붙지 않는 단어는 발음하기 쉬운 단어로 대체할 수 있습니다. 모범답변을 기준으로 자신만의 답변을 작성하되 면접에 적합한 Formal한 표현들을 사용하는 것에 주의합니다.

4. mp3 파일 무료 제공!

청취 이해력은 고득점과 직결되어 있습니다. 질문 mp3 파일을 들을 때에는 질문의 의도를 파악하고 어떤 답변을 할 것인가를 생각하며 듣습니다.
답변 mp3 파일을 들을 때에는 자연스러운 말하기와 발음, 악센트, 연음 등을 연습하고 어디서, 어떻게 호흡을 끊는지, 강조할 때는 어떻게 말하는지 따라해 봅니다.
mp3 파일은 앨리펀쇼 홈페이지에서 무료로 다운 받으세요~!

5. 저자 직강 동영상 수업과 병행 훈련!

보다 효과적인 공부를 원한다면 앨리펀쇼 홈페이지(allyfunshow.com)에서 수강 신청, 저자 직강 수업과 책을 함께 공부할 수 있습니다. 총 30강 강의로 구성되어 있습니다.

Features 구성과 특징

15일 학습플랜! 벼락치기용!

챕터별 소개와 출제경향, 답변 전략을 꼼꼼하게 읽고 주제별 답변 전략에 대한 명쾌한 기준을 세우세요. SPA 점수가 급하게 필요하거나 단기간에 시험을 준비해야 하는 분들에게 추천합니다.

	1 Day	2 Day	3 Day	4 Day	4 Day
1 week	**Chapter 01** [빈출중심] 동영상 1, 2강	**Chapter 02** [빈출중심] 동영상 3, 4강	**Chapter 03** [빈출중심] 동영상 5, 6강	**Chapter 04** [빈출중심] 동영상 7, 8강	**Chapter 05** [빈출중심] 동영상 9, 10강
2 week	**Chapter 06** [기승전결] 동영상 11, 12강	**Chapter 07** [기승전결] 동영상 13, 14강	**Chapter 08** [기승전결] 동영상 15, 16강	**Chapter 09** [기승전결] 동영상 17, 18강	**Chapter 10** [묘사훈련] 동영상 19, 20강
3 week	**Chapter 11** [비교·대조] 동영상 21, 22강	**Chapter 12** [선택과 이유] 동영상 23, 24강	**Chapter 13** [연기와 표현력] 동영상 25, 26강	**Chapter 14** [PT분석과 표현] 동영상27, 28강	**Chapter 15** [청취와 요약] 동영상29, 30강

앨리의 MP3 강의 활용 TIP!

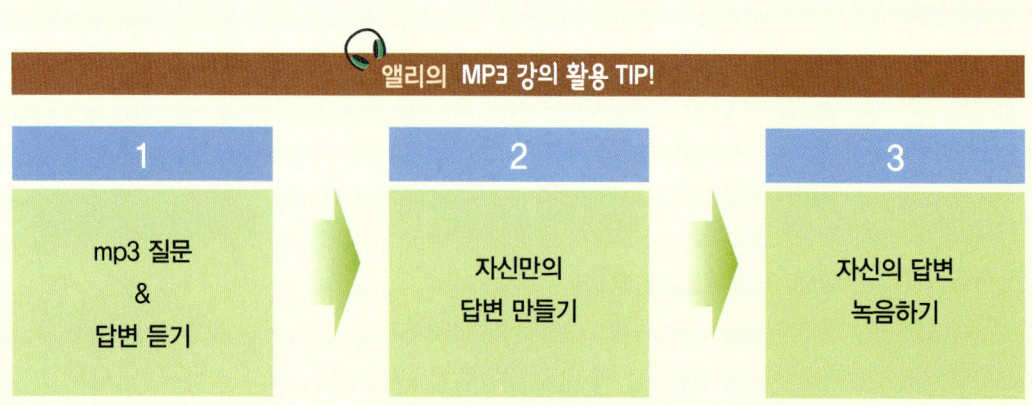

1	2	3
mp3 질문 & 답변 듣기	자신만의 답변 만들기	자신의 답변 녹음하기

30일 학습플랜! 완벽주의자용!

동영상 강의에 맞추어 책을 함께 보면 훨씬 더 효율적이고 체계적으로 한 권을 끝낼 수 있습니다. 챕터별 소개와 출제경향, 답변전략을 꼼꼼하게 읽고 공부할 챕터에 있는 기출 문제의 mp3 파일을 들어봅니다. 어떤 답변을 해야 할 지 생각해 보고 동영상 강의를 시청합니다. 체계적으로 SPA 시험을 준비하고 싶다면 30일 동영상 학습플랜을 추천합니다.

	1 Day	2 Day	3 Day	4 Day	5 Day
1 week	Chapter 01 [빈출중심] 동영상 1강	Chapter 01 [빈출중심] 동영상 2강	Chapter 02 [빈출중심] 동영상 3강	Chapter 02 [빈출중심] 동영상 4강	Chapter 03 [빈출중심] 동영상 5강
2 week	Chapter 03 [빈출중심] 동영상 6강	Chapter 04 [빈출중심] 동영상 7강	Chapter 04 [빈출중심] 동영상 8강	Chapter 05 [빈출중심] 동영상 9강	Chapter 05 [빈출중심] 동영상 10강
3 week	Chapter 06 [빈출중심] 동영상 11강	Chapter 06 [기승전결] 동영상 12강	Chapter 07 [기승전결] 동영상 13강	Chapter 07 [기승전결] 동영상 14강	Chapter 08 [기승전결] 동영상 15강
4 week	Chapter 08 [기승전결] 동영상 16강	Chapter 09 [기승전결] 동영상 17강	Chapter 09 [기승전결] 동영상 18강	Chapter 10 [묘사훈련] 동영상 19강	Chapter 10 [묘사훈련] 동영상 20강
5 week	Chapter 11 [비교·대조] 동영상 21강	Chapter 11 [비교·대조] 동영상 22강	Chapter 12 [선택과 이유] 동영상 23강	Chapter 12 [선택과 이유] 동영상 24강	Chapter 13 [연기와 표현력] 동영상 25강
6 week	Chapter 13 [연기와 표현력] 동영상 26강	Chapter 14 [PT분석과 표현] 동영상 27강	Chapter 14 [PT분석과 표현] 동영상 28강	Chapter 15 [청취와 요약] 동영상 29강	Chapter 15 [청취와 요약] 동영상 30강

한권으로 끝내는 New SPA 기출공략

Features 구성과 특징

동영상 강의 목차

1강	좋아하는 것 말하기 I favorite 관련 질문	**14강**	가정해서 말하기 II 그 외 다양한 상황가정
2강	좋아하는 것 말하기 II enjoy, like, be into, feel about ~로 묻는 질문	**15강**	선택해서 의견말하기 I 장점과 단점
3강	삶에 대해 말하기 I 의문사로 묻는 질문	**16강**	선택해서 의견말하기 II 선택의 이유
4강	삶에 대해 말하기 II 자세한 설명을 요구하는 질문	**17강**	정보에 대한 의견말하기 I 장점과 단점
5강	회사생활 말하기 I 업무 관련 질문	**18강**	정보에 대한 의견말하기 II 유사점과 차이점
6강	회사생활 말하기 II 직장동료 관련질문	**19강**	사진 묘사하기 I
7강	사람과 사물에 대해 설명하기 I 사람 관련 질문	**20강**	사진 묘사하기 II
		21강	사진 속 물건 팔기 I
8강	사람과 사물에 대해 설명하기 II 사물 관련 질문	**22강**	사진 속 물건 팔기 II
9강	경험말하기 I 과거시제로 묻는 질문	**23강**	사진을 비교와 대조해서 말하기 I
		24강	사진을 비교와 대조해서 말하기 II
10강	경험말하기 II 현재완료시제로 묻는 질문	**25강**	선호하는 사진과 이유 말하기 I
		26강	선호하는 사진과 이유 말하기 II
11강	조리있게 의견 말하기 I 과학기술 관련 질문	**27강**	자료 및 도표 분석 I
		28강	자료 및 도표 분석 II
12강	조리있게 의견말하기 II 사회적 이슈 관련 질문	**29강**	듣고 요약해서 말하기 I
		30강	듣고 요약해서 말하기 II
13강	가정해서 말하기 I 회사일 관련 상황가정		

Contents 목차

한권으로 끝내는 New SPA 기출공략

Part 01	Preparation

Unit 01	Introduction & Trends 소개 및 경향	10
Unit 02	Grading standrads & Ratings 채점기준 및 평가등급	12
Unit 03	Guidelines 시험 시 유의사항	13

Part 02	Possible Questions & Answers

Unit 01 개인질문 Personal Questions — 16
- **Chapter 01** Likes and Favorites 좋아하는 것 — 18
- **Chapter 02** Life 삶에 대한 질문 — 38
- **Chapter 03** Work & Co-workers 일과 동료 — 58
- **Chapter 04** People & Things 사람 & 물건 설명 — 76
- **Chapter 05** Experiences 경험 — 94

Unit 02 의견말하기 Opinion Questions — 112
- **Chapter 06** Ideas and Thoughts 단순 의견말하기 — 114
- **Chapter 07** If questions 상황가정 — 132
- **Chapter 08** Or questions 선택해서 말하기 — 148
- **Chapter 09** Information 정보에 대한 의견말하기 — 162

Unit 03 사진묘사와 구매권유 Picture Description & Sales Pitch — 172
- **Chapter 10** Picture Description 사진묘사 — 174
- **Chapter 11** Selling a product 사진 속 물건 팔기 — 184
- **Chapter 12** Picture Comparison 사진 비교 및 대조 — 196

Unit 04 사진 속 선호도 말하기 Picture Preference — 206
- **Chapter 13** Picture Preference 사진 속 선호도 말하기 — 208

Unit 05 자료 및 도표 분석 Data / Graph Analysi's — 216
- **Chapter 14** Data Graph Analysis 자료 및 도표 분석 — 218

Unit 06 청취 이해력 Listening Comprehension — 230
- **Chapter 15** Summary 듣고 요약하기 — 232

Preparation
Part 01

한권으로 끝내는 New SPA 기출공략

Unit 01
소개 및 경향
Introduction & Trends

Unit 02
채점기준 및 평가등급
Grading standrads & Ratings

Unit 03
시험 시 유의사항
Guidelines

01 02 03

Unit 01
Introduction & Trends
소개 및 경향

PART 01 Preparation

SPA 소개

SPA(Speaking Proficiency Assessment)는 외국인 면접관이 진행하는 영어 말하기 시험으로 실제 비즈니스 현장에서의 영어사용 능력을 측정합니다. SPA 시험은 문제 은행방식으로 추출되는 질문에 응시자가 답변하는 형식으로 진행되며 5가지 평가항목을 기준으로 채점, 총 8개 등급 중 하나를 받게 됩니다. 원어민 면접관이 묻는 질문에 대답을 하고, 답한 내용에 추가질문을 받기도 하는 형식으로 진행되므로 컴퓨터를 통해 진행되는 말하기 시험과는 달리 응시자가 실제 생활 속에서 사용하는 영어수준을 보다 정확하게 측정할 수 있습니다. 응시자의 답변은 현장에서 채점이 이루어질 뿐 아니라 비디오 판독을 통해 2차로 채점이 이루어져서 보다 변별력을 높였습니다.

시험 진행 방식

면접형식	형식	시험시간	평가영역	총점
외국인 면접관 2명 : 1(다대일) face to face interview	질의응답 (인터뷰형식)	10분	96점 만점	96점 만점

※ 응시자 개인과 업무에 관련된 질문 외에 사진이나 도표 등을 보고 대답해야 하는 질문과 긴 지문을 듣고 요약하는 질문 등을 받습니다. 응시자의 답변에 대한 추가질문이 있을 수 있습니다.

문제유형

총 6가지 문제유형은 15가지의 주제로 세분화 됩니다.

1. 개인적 질문 유형 : 개인이 좋아하는 것, 삶과 경험, 일과 동료, 사람과 사물에 대해 말하기
2. 의견말하기 유형 : 질문에 맞게 논리적으로 자신의 의견을 말하기
3. 사진 관련 유형 : 사진을 보고 묘사하거나 비교, 대조 혹은 선호하는 사진과 그 이유를 말하기
4. 구매권유 유형 : 사진 속 물건을 실제처럼 팔아보기
5. 자료 및 도표 분석 : 그래프와 같은 자료를 보고 PT 하듯이 설명하고 분석하기
6. 청취 이해력 : 긴 지문을 2번 듣고 요약해서 다시 전달하기

출제경향

- 10분 시험 중 최초 2분은 시험문제 난이도 조정을 위한 Free talking으로 쓰인다. 난이도에 부합하는 문제가 나머지 8분간 출제되므로 신중하게 대답해야 한다.
- Free talking이 우수할 경우(약 45점), 바로 Article을 읽어주고 요약을 하거나 기사 내용에 대한 의견이나 경험을 말하는 문제 등을 중심으로 출제된다.
  (SPA 45점 기준 : TOEIC SPEAKING Level 6~7 / Opic IM3~IH)
- Free talking 내용이 우수하지 않은 경우, 그래프, 그림묘사, 비교, 의견말하기 등의 유형을 중심으로 출제된다.

평가체제

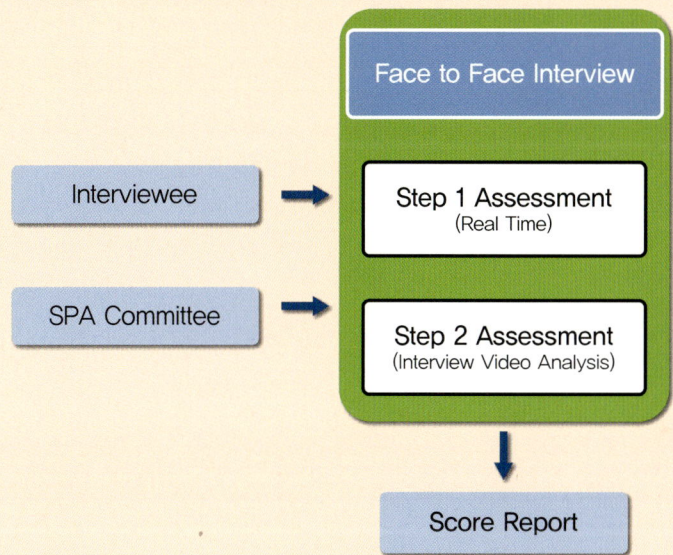

Unit 02
Grading standrads & Ratings 채점기준 및 평가등급

PART 01 Preparation

채점기준 및 배점

평가항목	내용	배점 /비중
발음 (Pronunciation)	발음의 높낮이 – 단어의 높낮이를 맞게 말하는가? 발음의 강세 – 단어의 강세를 정확하게 알고 쓰는가? 문장의 흐름 – 연음을 활용, 말의 흐름이 얼마나 자연스러운가? 문장의 리듬 – 전체 말에서 강조할 때 혹은 끊을 때 자연스러운가?	12점 / 12.5%
청취력 & 답변 (L/C & Response)	청취/요약능력 – 내용을 정확히 듣고 주제문과 키워드를 중심으로 잘 요약했는가? 대답의 정확도 – 질문에 맞는 대답을 하고 있는가? 질문을 정확히 이해했는가?	36점 / 37.5%
어휘사용능력 (Vocabulary)	문맥상 어휘의 정확성 – 문장에 맞는 어휘를 사용해서 표현이 자연스러운가? 단어의 수준과 적합성 – 보다 수준이 높은 적절한 단어를 사용하는가?	12점 / 12.5%
문장구성능력 (Grammar & Structure)	품사의 바른 사용 – 동사, 형용사, 부사 등의 품사를 문장의 바른 위치에 사용했는가? 시제의 정확성 – 과거, 현재, 미래, 현재완료 시제를 정확히 사용하는가? 구문 및 어법 – 복잡하고 다양한 문장에서도 어울림에 맞는 단어를 사용하는가? 다양하고 복잡한 문장구조 – 수동태, 분사의 사용 등 복잡한 문장구사가 정확한가? 화제 전환 표현 – 화제 전환 시, 자연스럽게 전환이 가능한가? 다양한 표현을 사용하는가?	24점 / 25%
언어구사능력 (Overall Fluency)	소통과 이해 – 면접관과 소통에 막힘이 없는가? 면접관의 말을 경청하고 이해하는가? 답변의 논리성 – 논리적이고 체계적인 답변을 구사하는가? 표현의 자연스러움 – 원어민의 영어구사력과 얼마나 비슷한가? 자신감과 태도 – 면접에 맞는 예의를 갖추되 자신감 있는 표정과 목소리, 태도를 보이는가?	12점 / 12.5%

평가등급

총 8개의 등급이며 일반적으로 Level3~5가 회사에서 요구하는 등급입니다. 목적에 따라 Level5 이상이 요구되기도 합니다.

Level	Range	내용
Level1 (Basic)	0~15	처음 영어를 접하는 수준이며 레벨로 표시하기 어려운 단계
Level2 (Low intermediate)	16~24	영어로 간단한 인사와 자기소개 정도를 할 수 있으며 5W1H 질문에 답변이 가능한 단계
Level3 (Intermediate)	25~34	간단한 생활 영어가 가능. 발음과 문법에 초점을 맞추어 대화하는 단계
Level4 (Upperintermediate)	35~49	생활영어에 있어 전반적인 주제를 놓고 대화가 가능하지만 문법적인 오류가 있는 단계
Level5 (Low business)	50~64	비즈니스 회화가 가능하나 심도 있는 언어 표현은 부족한 단계
Level6 (Business)	65~74	다양한 비즈니스 상황에 맞는 formal한 회화를 구사하는 단계
Level7 (Advanced)	75~84	Native와 구분되나 회화에 전혀 어려움이 없는 단계
Level8 (Native)	85~96	원어민 및 영어가 모국어인 교포 수준의 영어회화 단계

Unit 03
Guidelines
시험 시 유의사항

PART 01 Preparation

질문을 잘 듣지 못한 경우

침착하게 다시 말해달라고 요청한다. 질문에서 벗어난 답변을 할 경우 감점이 크다.
I beg your pardon? 다시 말씀해 주시겠습니까?
Could you ask that again slowly? 천천히 다시 질문해 주시겠습니까?

시제의 정확한 사용
질문에 시제가 숨어있다.

질문에 과거로 물었다면 과거시제로 답변하고, 현재 완료로 물었다면 현재 완료로 답한다. 습관에 대해 말하거나 인물이나 사물을 묘사하고 서술할 때는 현재 단순시제를 사용한다.

자신 없는 답변은 짧고 명료하게

자신 없는 답변은 길게 하지 않는다. 어떻게 답변할지 모를 경우에는 두서없이 답변을 늘어놓지 말고 과감하게 다른 질문으로 넘어간다. 시험시간에 제한이 있음을 기억하자.

비판적 답변보다는 긍정적인 답변을 하자

의견을 묻는 질문에서 비판적이거나 부정적인 답변은 지양한다. 특정한 상황가정에서 어떤 조언을 하겠냐는 질문에, 그 사람이나 상황에 대해 잘못을 지적하지 말고 2~3가지 정도의 대안을 제시한다. 단점을 말해야 할 경우에는 장점과 균형을 맞춘다.

밝은 표정과 침착한 태도, 자신감 있는 목소리

표정과 몸짓(gesture) 그리고 목소리도 면접의 일부이다. 침착한 태도를 유지하되 자신감 있는 목소리와 톤을 평소에 연습해 둔다. 거울을 보거나 녹화를 해서 자신이 어떤 표정으로 대화 하는지 확인해 보면 실제 시험에 도움이 된다.

Possible Questions & Answers

Part 02

한권으로 끝내는 New SPA 기출공략

Unit 01
개인질문
Personal Questions

Unit 02
의견말하기
Opinion Questions

Unit 03
사진묘사와 구매권유
Picture Description &
Sales Pitch

Unit 04
사진 속 선호도 말하기
Picture Preference

Unit 05
자료 및 도표 분석
Data / Graph Analysis

Unit 06
청취 이해력
Listening Comprehension

Personal Questions

Unit 01
개인질문

PART 02 Possible Questions & Answers

01
Chapter 01
Likes and Favorites 좋아하는 것

02
Chapter 02
Life 삶에 대한 질문

03
Chapter 03
Work & Co-workers 일과 동료

04
Chapter 04
People & Things 사람 & 물건 설명

05
Chapter 05
Experiences 경험

Chapter 01
Likes and Favorites
좋아하는 것

PART 02 Possible Questions & Answers

챕터소개

좋아하는 것에 대한 질문은 면접관이 즐겨 묻는 질문 중 하나이다. 만약 대답하고 싶은 내용의 설명이 어렵다면 대답하기 쉬운 것을 선택해서 말하는 것이 유익하다. 특히 왜 좋아하는지 이유를 잘 설명하자. 어떤 계기 혹은 사건을 근거로 들어 답변을 하는 것이 좋다.

Chapter 01의 질문에 이어 답변에 관한 추가질문이 이어질 수 있다. 예를 들어 'Do you enjoy watching sports?' (당신은 스포츠 시청을 즐기나요?)에 대한 답변 이후에 'What can children learn from sports?' (아이들이 스포츠를 통해 배울 수 있는 점은 무엇입니까?)와 같은 질문이 따라올 수 있다.

출제경향

Likes and Favorites에서는 스포츠나 영화관람 등 취미와 관심사에 관련된 문제들이 자주 출제되었다.

답변전략

다양한 표현을 사용하자!

좋아하는 것을 말하는 가장 빈번한 답변으로는 'I like ~'로 시작하는 응시자들이 많다. 하지만 질문에서 'What is your favorite ~?'으로 물었다면 핵심 단어인 'favorite'을 답변에 포함시킨다거나 표현의 다양성을 위하여 'I like A the most', 또는 조금 과장하여 'I love ~' 등과 같은 표현을 써 주는 것도 좋다. 예를 들어 "가장 많이 먹는다." "가장 많이 듣는다."와 같이 최상급을 사용할 때는 다양한 방법이 있다.

- ex I eat ramen the most.   I listen to Rock the most.
- ex I eat ramen most often.   I listen to Rock most often.
- ex Ramen is the food I most often eat.
   Rock 'n' Roll is the genre I most often enjoy.

좋아하는 이유나 좋아하게 된 계기를 설명하자!

좋아하는 것만 얘기하고 나면 끝날 수 있는 질문이지만, 응시자의 영어 실력을 보여주기 위해서는 적절한 이유나 계기를 구체적으로 설명해 주는 것이 좋다.

추가질문이란 대화를 이어나가는 것이다!

면접관이 추가질문을 한다고 해서 당황하지 않도록 한다. 다른 Chapter의 질문에 대한 답변이 추가질문에 대한 답변으로 적절한 경우가 많다. 대화의 기본은 듣는 것! 질문을 잘 듣고 대화를 이어나가는 것이다.

Chapter 01
Likes and Favorites 좋아하는 것

Q 01. What is your favorite season?
어느 계절을 가장 좋아합니까?

A Level 3

I like summer the best. The days are longer, there's lots of sunshine, and I can wear very light clothes like shorts and a T-shirt, and especially linen.

저는 여름이 가장 좋습니다. 낮도 길고, 햇살이 좋고, 반바지나 티셔츠, 특히 리넨 소재 등의 가벼운 옷을 입을 수 있어서입니다.

Level 4

My favorite season is the summer. The days are longer and the evenings are warm. There's plenty of sunshine and I get to wear my light clothing like linen shorts and T-shirts.

제가 가장 좋아하는 계절은 여름입니다. 낮은 길고 저녁은 따뜻합니다. 일조량이 많아 리넨 소재 반바지와 티셔츠 등의 가벼운 옷차림을 할 수 있습니다.

Level 5

The season I enjoy most is summer. Daylight lasts longer and the evenings are balmy. There's a good deal of sunshine to get one's vitamin D and we can dress in lighter clothing such as linen shorts and short-sleeve shirts.

저에게 가장 즐거운 계절은 여름입니다. 낮이 길어지고 저녁도 훈훈합니다. 비타민 D를 생성하게 도와주는 햇볕도 강하고 리넨 소재의 반바지나 소매가 짧은 셔츠 등으로 가벼운 옷차림을 할 수 있습니다.

KEY EXPRESSION 필요한 문장에 ✓ 하세요.

☐ I like summer <u>the best</u>.
  저는 여름이 가장 좋습니다.

☐ <u>My favorite season</u> is the summer.
  제가 가장 좋아하는 계절은 여름입니다.

☐ The days are longer and the evenings are warm.
  낮은 길고 저녁은 따뜻합니다.

☐ There's <u>plenty of</u> sunshine and I get to wear my light clothing like linen shorts and T-shirts.
  일조량이 많아 리넨 소재 반바지와 티셔츠 등의 가벼운 옷차림을 할 수 있습니다.

☐ There's a good deal of sunshine to get one's vitamin D.
  비타민 D를 생성하게 도와주는 햇볕도 강합니다.

☐ I can wear very light clothes like shorts and a T-shirt, and especially linen.
  반바지나 티셔츠, 특히 리넨 소재 등의 가벼운 옷을 입을 수 있어서 입니다.

앨리's Grammar Tip

a day와 the day 구분하기
during <u>a day</u> 하루 동안
during <u>the day</u> 낮 동안

"가장 좋아한다."라는 말의 다양한 표현
- ex) I like summer the best. 여름을 가장 좋아한다.
- ex) <u>My favorite</u> season is the summer. 가장 좋아하는 계절은 여름이다.
- ex) The season I <u>enjoy most</u> is summer. 가장 즐거운 계절은 여름이다.

Q.02_01.mp3

Q 02. Do you enjoy watching movies?

영화를 좋아합니까?

 Level 3 A.02_03.mp3

I do. But I prefer to watch them at home. I can stop the movie at any time to get a drink or go to the washroom.

네, 그렇습니다. 하지만 집에서 보는 것을 더 좋아합니다. 영화를 보다가 음료를 가지러 가거나 화장실에 가기 위해 언제든지 멈출 수 있습니다.

Level 4 A.02_04.mp3

I do. However, I prefer watching them at home because I have the option of pausing the movie at any time to get a drink or for a bathroom break.

네, 좋아합니다. 하지만 집에서 보는 것을 더 선호하는데 언제든지 음료를 가지러 가거나 화장실을 갈 때 영화를 멈출 수 있는 선택권이 있기 때문입니다.

Level 5 A.02_05.mp3

Yes, I do. However, I prefer watching them in the comfort of my home. The movie can be paused at will to get refreshments or to use the facilities.

네, 좋아합니다. 하지만 저는 제 편의대로 집에서 보는 것을 선호합니다. 제 마음대로 영화를 잠시 멈추고 기분 전환을 하거나 편의 시설을 이용할 수 있습니다.

KEY EXPRESSION   필요한 문장에 ✓ 하세요.

☐   I do. But I prefer to watch them at home.
    네, 그렇습니다. 하지만 집에서 보는 것을 더 좋아합니다.

☐   I do. However, I prefer watching them at home because ~
    네, 좋아합니다. 하지만 집에서 보는 것을 더 좋아하는데 왜냐하면 ~

☐   Yes, I do. However, I prefer watching them in the comfort of my home.
    네, 좋아합니다. 하지만 저는 제 편의대로 집에서 보는 것을 선호합니다.

☐   I can stop the movie at any time to get a drink or go to the washroom.
    영화를 보다가 음료를 가지러 가거나 화장실에 가기 위해 언제든지 중간에 멈출 수 있습니다.

☐   I have the option of pausing the movie at any time to get a drink or for a bathroom break.
    언제든지 음료를 가지러 가거나 화장실을 갈 때 영화를 멈출 수 있는 선택권이 있기 때문입니다.

☐   The movie can be paused at will to get refreshments or to use the facilities.
    제 마음대로 영화를 잠시 멈추고 기분 전환을 하거나 편의 시설을 이용할 수 있습니다.

Q.03_01.mp3

03. What is your favorite genre of movie?

가장 좋아하는 영화의 장르는 무엇입니까?

 Level 3 A.03_03.mp3

I have two movie genres that I watch most often; comedy and sci-fi. The best is a mix of the two. I love to laugh and sci-fi is like a guy's type of fantasy movie.

제가 가장 많이 보는 영화의 두 장르가 있습니다. 바로 코미디와 SF입니다. 최고는 이 두 장르가 섞여 있는 것입니다. 저는 웃는 게 좋은데 SF는 남자들의 판타지 영화입니다.

Level 4 A.03_04.mp3

There are two genres that I enjoy regularly; comedy and sci-fi. Ideally, I go for a combination of both. I really like to laugh and sci-fi is a guy's thing.

제가 정기적으로 즐겨 보는 두 장르의 영화가 있는데 코미디와 SF입니다. 저는 두 장르가 혼합되어 있는 영화를 좋아합니다. 저는 웃는 것을 정말 좋아하고 SF는 남자들의 영화입니다.

Level 5 A.03_05.mp3

I enjoy two genres frequently; comedy and science fiction. Ideally a blending of the two genres, sci-fi comedy, is most in keeping with my tastes. It's a great pleasure to laugh and science fiction satisfies my need for fantasy.

저는 두 장르의 영화를 자주 즐겨 보는데 바로 코미디와 SF입니다. 이상적으로 두 장르를 혼합한 SF 코미디가 제 취향에 가장 맞습니다. 웃음은 너무 큰 즐거움이고 SF는 제 판타지를 충족시켜 줍니다.

KEY EXPRESSION 필요한 문장에 ✔ 하세요.

☐ I have two movie genres that I watch most often; comedy and sci-fi.
제가 가장 많이 보는 영화의 두 장르가 있습니다. 바로 코미디와 SF입니다.

☐ The best is a mix of the two.
최고는 이 두 장르가 섞여 있는 것입니다.

☐ I love to laugh and sci-fi is like a guy's type of fantasy movie.
저는 웃는 게 좋은데 SF는 남자들의 판타지 영화입니다.

☐ There are two genres that I enjoy regularly; comedy and sci-fi.
제가 정기적으로 즐겨 보는 두 장르의 영화가 있는데 코미디와 SF입니다.

☐ I enjoy two genres frequently; comedy and science fiction.
저는 두 장르의 영화를 자주 즐겨 보는데 바로 코미디와 SF입니다.

☐ I go for a combination of both. I really like to laugh and sci-fi is a guy's thing.
저는 두 장르가 혼합되어 있는 영화를 좋아합니다. 저는 웃는 것을 정말 좋아하고 SF는 남자들의 영화입니다.

☐ Ideally a blending of the two genres, sci-fi comedy, is most in keeping with my tastes.
이상적으로 두 장르를 혼합한 SF 코미디가 제 취향에 가장 맞습니다.

앨리's Answer Tip

영화 장르 & 관련 어휘

thriller 스릴러	classic films 고전영화	special effect 특수효과
comedies 코미디 영화	action movies 액션영화	leading actor 남자주인공
blockbusters 블록버스터	intermission 막간, 휴식시간	leading actress 여자주인공
horror movies 공포영화	supporting role 조연	review 관람후기
romance 멜로영화	background music 배경음악	

04. Who is your favorite actor?

가장 좋아하는 배우는 누구인가요?

Level 3

One of my favorite actors is Hugh Jackman. He played Wolverine really well but he's also a great singer and dancer.

제일 좋아하는 배우 중에 한 명은 휴 잭맨입니다. 그는 울버린 역할을 잘 연기했고 노래와 춤도 뛰어납니다.

Level 4

An actor I like best is Hugh Jackman. Not only was he great as Wolverine but he's good at singing and dancing as well.

가장 좋아하는 배우는 휴 잭맨입니다. 울버린 역할을 뛰어나게 연기했을 뿐만 아니라 노래와 춤도 뛰어납니다.

Level 5

The actor I prefer most is Hugh Jackman. His portrayal of Wolverine was extremely well received. However, he's also an accomplished singer and dancer.

제가 가장 선호하는 배우는 휴 잭맨입니다. 울버린에 대한 표현이 아주 뛰어나게 전달되었습니다. 그리고 뛰어난 가수이자 댄서입니다.

KEY EXPRESSION   필요한 문장에 ✓ 하세요.

☐ One of my favorite actors is Hugh Jackman.
제일 좋아하는 배우 중에 한 명은 휴 잭맨입니다.

☐ He <u>played Wolverine</u> really well but he's also a great singer and dancer.
그는 울버린을 잘 연기했고 노래와 춤도 뛰어납니다.

☐ An actor I like best is Hugh Jackman.
가장 좋아하는 배우는 휴 잭맨입니다.

☐ <u>Not only</u> was he great <u>as Wolverine</u> <u>but</u> he's <u>good at</u> singing an d dancing as <u>well</u>.
울버린 역할을 뛰어나게 연기했을 <u>뿐만 아니라</u> 노래와 춤도 <u>뛰어</u>납니다.

☐ His <u>portrayal</u> of Wolverine was extremely <u>well received</u>.
울버린에 대한 <u>표현</u>이 아주 뛰어나게 <u>전달되었습니다</u>.

앨리's Grammar Tip

"가장 선호한다"라는 말을 표현할 때도 다양한 방법이 있다.

ex) One of my <u>favorite actor</u> is Hugh Jackman. 제일 좋아하는 배우 중에 한 명은 휴 잭맨이다.
ex) <u>An actor I like best</u> is Hugh Jackman. 가장 많이 좋아하는 배우는 휴 잭맨이다.
ex) <u>The actor I prefer most</u> is Hugh Jackman. 가장 <u>선호하는 배우는</u> 휴 잭맨이다.

 05. What kind of music are you into?

어떤 노래를 좋아하세요?

 Level 3

I like most styles of music but I listen to Rock the most.

대부분의 음악 스타일을 좋아하지만 록 장르를 가장 많이 듣습니다.

Level 4

I'm into almost all styles of music but I listen to Rock most often.

거의 대부분의 음악 스타일을 좋아하지만 록 장르를 가장 자주 듣습니다.

Level 5

I'm interested in most every genre of music. However, Rock'n'Roll is the genre I most often enjoy.

거의 모든 음악 장르에 관심이 있습니다. 하지만 제가 가장 즐겨 듣는 장르는 로큰롤입니다.

KEY EXPRESSION　필요한 문장에 ✓ 하세요.

☐　I like most styles of music.
　　대부분의 음악 스타일을 좋아합니다.

☐　I'm into almost all styles of music but I listen to Rock most often.
　　거의 대부분의 음악 스타일을 좋아하지만 록 장르를 가장 자주 듣습니다.

☐　I'm interested in most every genre of music. However, Rock'n'Roll is the genre I most often enjoy.
　　거의 모든 음악 장르에 관심이 있습니다. 하지만 제가 가장 즐겨 듣는 장르는 로큰롤입니다.

앨리's Grammar Tip

"가장 많이 먹는다" "가장 많이 듣는다"와 같이 최상급을 사용할 때는 다양한 방법이 있다.

ex I eat ramen the most.　　I listen to Rock the most.
ex I eat ramen most often.　I listen to Rock most often.
ex Ramen is the food I most often eat.
　　 Rock 'n' Roll is the genre I most often enjoy.

 06. What do you like to do when you go out?

외출하면 무엇을 하기를 좋아합니까?

 Level 3

I like to meet my old friends and have a drink or two.

오랜 친구들을 만나서 술을 한 두 잔 마시는 것을 좋아합니다.

Level 4

When I go out, I like to meet with my old friends and have a few drinks.

외출하면 오래된 친구들을 만나서 가볍게 술을 마시는 것을 좋아합니다.

Level 5

When going out, meeting with long-time friends and sharing some drinks is what I prefer to do.

외출할 때면 죽마고우들과 만나서 술자리 가지는 것을 주로 하려고 합니다.

KEY EXPRESSION   필요한 문장에 ✓ 하세요.

☐   I like to meet my old friends and have a drink or two.
오랜 친구들을 만나서 술을 한 두 잔 마시는 것을 좋아합니다.

☐   When I go out, I like to meet with my old friends.
외출하면 오래된 친구들을 만나는 것을 좋아합니다.

☐   Meeting with long-time friends and sharing some drinks is what I prefer to do.
죽마고우들과 만나고 술자리 가지는 것을 저는 좋아합니다.

앨리's Answer Tip

질문에 답이 있다

case 1 I like to ~ 를 시작으로 답변
I like to meet my old friends and have a drink or two.
I like to go shopping when I go out.

case 2 When으로 시작하는 답변
When I go out, I like to meet with my old friends.
When going out, I usually go shopping with my best friend.

그 외 표현들

I like to go to see a movie with my friends. After the movie, I usually grab a bite to eat.
영화 보는 것을 좋아합니다. 영화를 본 후에는 보통 간단한 것을 먹습니다.

I like to hang out with some friends. We sometimes go to a concert or a play. But we usually go to a nice restaurant and talk a lot.
친구들과 어울리는 것을 좋아합니다. 때로는 콘서트나 연극을 보러 갑니다. 하지만 주로 괜찮은 식당에 가서 이야기를 합니다.

🎧 Q.07_01.mp3

 07. What is your favorite winter sport?

가장 좋아하는 겨울 스포츠는 무엇입니까?

 Level **3**

🎧 A.07_03.mp3

My favorite winter sport is curling. It's like shuffleboard on ice. It looks boring but it's a lot of fun to play.

제가 가장 좋아하는 겨울 스포츠는 컬링입니다. 얼음 위에서 하는 셔플보드 같은 게임입니다. 조금 지루해 보이지만 직접 하면 아주 재밌습니다.

Level **4**

🎧 A.07_04.mp3

My favorite sport in the winter is curling. It's similar to shuffleboard but it's played on ice. It's boring to watch but it's a lot of fun to play.

겨울에 하는 스포츠 중에서 제가 가장 좋아하는 것은 컬링입니다. 셔플보드와 비슷하지만 얼음 위에서 합니다. 보는 것은 지루해 보이지만 직접 하는 것은 아주 재밌습니다.

Level **5**

🎧 A.07_05.mp3

My favorite wintertime sport is curling. It resembles shuffleboard but takes place on lanes of ice. It's not very entertaining to watch but is very enjoyable to take part in.

가장 좋아하는 겨울철 스포츠는 컬링입니다. 셔플보드와 유사하지만 얼음판 위에서 합니다. 보기에는 흥미로워 보이지 않지만 직접 뛰는 것은 굉장히 즐겁습니다.

앨리's More Tip

Extreme Sports에 대해서도 알아두자.
X-Game 혹은 Extreme Sports라 불리는 극한 스포츠는 요즘 더 인기를 더해가고 있다.

They are different from the traditional sports. Most people think it must be very dangerous and really challenging risk. Rock-climbing and bungee jumping are so popular these days. Some people love X-Sports because they offer some potential for individual development.

극한 스포츠는 전통적인 스포츠와 다릅니다. 대부분의 사람들은 극한 스포츠가 아주 위험하고 많이 어렵다고 생각합니다. 암벽등반과 번지점프가 인기가 많은데요. 어떤 이들은 극한 스포츠를 좋아하는 이유가 극한 스포츠를 통해 잠재적으로 개인의 발전을 도모할 수 있다고 생각하기 때문입니다.

KEY EXPRESSION 필요한 문장에 ✓ 하세요.

☐ **My favorite winter sport is curling.**
제가 가장 좋아하는 겨울 스포츠는 컬링입니다.

☐ **It looks boring but it's a lot of fun to play.**
지루해 보이지만 직접 하는 것은 아주 재미있습니다.

☐ **My favorite sport in the winter is curling.**
겨울에 하는 스포츠 중에서 제가 가장 좋아하는 것은 컬링입니다.

☐ **It's similar to shuffleboard but it's played on ice.**
셔플보드와 비슷하지만 얼음 위에서 합니다.

☐ **It's boring to watch but it's a lot of fun to play.**
보는 것은 지루해 보이지만 직접 하는 것은 아주 재미있습니다.

앨리's Answer Tip

스포츠를 좋아할 경우

Yes, I like Sports.
Yes, I can say I'm a sportsman.

그 외 표현들

One of my favorite sport is tennis. I usually play tennis in the Summer. My favorite winter sport is skiing. Always enjoying sports gives me full of energy.
제가 가장 좋아하는 스포츠 중의 하나는 테니스입니다. 여름에 주로 테니스를 칩니다. 가장 좋아하는 겨울 스포츠는 스키입니다. 언제나 스포츠는 저에게 활기를 줍니다.

여러 가지 스포츠

figure skating 피겨 스케이팅	**tennis** 테니스	**wake boarding** 웨이크보딩
boxing 복싱	**running** 달리기(조깅)	**gym climbing** 실내등반
swimming 수영	**rock-climbing** 암벽등반	
baseball 야구	**skateboarding** 스케이트보딩	

 08. Do you enjoy participating in any sports?

스포츠 경기에 참여하는 것을 좋아합니까?

 Level 3 A.08_03.mp3

The only sport I play is tennis. It doesn't take as long as other sports but takes a lot of energy. It's great for staying in shape.

제가 직접 하는 스포츠는 테니스밖에 없습니다. 다른 스포츠처럼 오래 걸리진 않지만 아주 많은 에너지가 필요합니다. 건강 관리에 아주 좋습니다.

Level 4 A.08_04.mp3

The only sport I really enjoy is playing tennis. It uses up less time compared to other sports but you need a lot of energy to play. It's a great way to keep in shape.

제가 유일하게 즐겨 하는 스포츠는 테니스입니다. 다른 스포츠와 비교해서 짧게 걸리지만 아주 많은 에너지가 소모됩니다. 체력을 유지하기에 아주 좋은 운동입니다.

Level 5 A.08_05.mp3

There is only one sport that I regularly participate in and that's tennis. It requires relatively less time but expends far more energy than most other sports. It is an enjoyable way to stay fit.

제가 규칙적으로 참여하는 스포츠가 하나 있다면 바로 테니스입니다. 비교적 시간이 짧게 걸리지만 대부분의 다른 스포츠보다 아주 많은 에너지를 필요로 합니다. 즐겁게 건강을 유지하는 방법입니다.

KEY EXPRESSION   필요한 문장에 ✔ 하세요.

☐   The only sport I play is tennis.
제가 직접 하는 스포츠는 테니스밖에 없습니다.

☐   The only sport I really enjoy is playing tennis.
제가 유일하게 즐겨 하는 스포츠는 테니스입니다.

☐   It doesn't take as long as other sports but takes a lot of energy.
다른 스포츠처럼 오래 걸리진 않지만 아주 많은 에너지가 필요합니다.

☐   It's great for staying in shape.
건강 관리에 아주 좋습니다.

☐   It uses up less time compared to other sports but you need a lot of energy to play.
다른 스포츠와 비교해서 짧게 걸리지만 아주 많은 에너지가 소모됩니다.

☐   It's a great way to keep in shape.
체력을 유지하기에 아주 좋은 운동입니다.

☐   It is an enjoyable way to stay fit.
즐겁게 건강을 유지하는 방법입니다.

Q 09. Do you like to shop online?

인터넷 쇼핑을 좋아합니까?

A Level 3

Yes and no. I only shop online for some things such as movie tickets and entertainment like CDs or videos. An example of things I don't like to buy online is clothes because size and quality is hard to be sure of from just a picture.

그렇기도 하고 아니기도 합니다. 영화 예매, CD나 비디오 같은 여가활동과 관련된 물건에 대해서만 인터넷 쇼핑을 합니다. 인터넷으로 사는 것을 좋아하지 않는 것 중에 하나는 옷인데 사진으로만 사이즈와 품질을 확실히 알기 힘들기 때문입니다.

Level 4

Yes and no. I usually only shop online for certain things such as movie tickets and entertainment like music or videos. An example of things I prefer not to buy online is clothes because size and quality is hard to confirm from just a picture.

그렇기도 하고 아니기도 합니다. 영화 예매, 음악이나 비디오 등의 특정 상품은 인터넷으로 쇼핑을 합니다. 인터넷으로 사지 않는 것을 선호하는 것은 옷인데 사진으로는 사이즈와 품질을 확인하기가 어렵기 때문입니다.

Level 5

Yes and no. I typically only shop online for certain things such as movie tickets and entertainment like music or videos. An example of things I would rather not buy online is clothing because size and quality is hard to verify from just a picture.

그렇기도 하고 아니기도 합니다. 영화 예매나 음악, 비디오 등과 같은 오락물을 위한 특정 종류의 제품만 인터넷으로 삽니다. 인터넷으로 사지 않으려고 하는 것은 옷 종류인데, 사진으로만 봐서는 사이즈와 품질을 확인하기 어렵기 때문입니다.

KEY EXPRESSION   필요한 문장에 ✓ 하세요.

☐ Yes and no. I only shop online for some things such as movie tickets and entertainment like CDs or videos.
그렇기도 하고 아니기도 합니다. 영화 예매, CD나 비디오 같은 여가활동과 관련된 물건에 대해서만 인터넷 쇼핑을 합니다.

☐ An example of things I don't like to buy online is clothes.
인터넷으로 사는 것을 좋아하지 않는 것 중에 하나는 옷입니다.

☐ Because size and quality is hard to be sure of from just a picture.
사진만으로는 사이즈와 품질을 확실히 알기 힘들기 때문입니다.

☐ Yes and no. I usually only shop online for certain things such as movie tickets and entertainment like music or videos.
그렇기도 하고 아니기도 합니다. 영화 예매, 음악이나 비디오 등의 특정 상품은 인터넷으로 쇼핑을 합니다.

☐ Yes and no. I typically only shop online for certain things such as movie tickets and entertainment like music or videos.
그렇기도 하고 아니기도 합니다. 영화 예매나 음악, 비디오 등과 같은 오락물을 위한 등의 특정한 종류의 제품만 인터넷으로 삽니다.

☐ I prefer not to buy online is clothes because size and quality is hard to confirm from just a picture.
인터넷으로 사지 않는 것을 선호하는 것은 옷인데 사진만으로는 사이즈와 품질을 확인하기가 어렵기 때문입니다.

Chapter 02
Life
삶에 대한 질문

PART 02 Possible Questions & Answers

챕터소개

나를 둘러싼 삶에는 어떤 것이 있을까? 하루 일과, 주말에 하는 일, 삶의 철학과 목표, 은퇴 이후의 삶의 계획 등이 있을 것이다. Chapter 2에 나오는 관련 질문은 미리 정리해 두지 않으면 임기응변으로 대답하기가 어려운 내용들이 많다. 나에 대한 이야기 중 점수를 놓치면 아까운 내용이 바로 삶에 대한 질문이므로 미리 답변을 준비해 두어야 한다.

출제경향

삶에 대한 질문은 주로 하루 일과에 대한 설명을 요구하거나 주말에 가족과 무엇을 하는지에 대한 질문이 나오는 편이다. 하지만 Level 5 이상을 목표로 하는 응시자에게는 다소 심오한 문제가 출제되기도 한다. 'How would you explain your basic life philosophy?' (당신의 인생 철학을 어떻게 설명할 것입니까?) 같은 질문이 그 예이다.

답변전략

시간낭비를 하지 말자!

갑자기 인생 철학이나 삶의 목표에 대해 질문을 받을 경우 응시자들이 가장 많이 하는 실수가 아무런 대답도 하지 못한 채 시간을 흘려 보내는 것이다. 시간을 허비하는 것보다, 'I haven't thought about it deeply, but ~' (나는 그 질문에 대해 깊게 생각해 본 적이 없습니다. 하지만 ~)과 같은 말들을 자연스럽게 해 주면서 생각할 시간을 확보하는 것이 중요하다.

본론부터 언급하자!

질문이 진지하거나 심오할수록 결론을 먼저 말하는 것이 좋다. SPA 시험은 10분이라는 짧은 시간의 면대면 인터뷰이다. 정리된 자신의 핵심 의견을 먼저 말하고 추가 설명을 하는 것이 논점을 이탈하지 않고 자신의 생각을 잘 전달할 수 있는 방법이다.

세 가지를 한번에 묻는 복합 질문에 대한 Special Tip

> Q. Do you vote? Why / Why not? If you do vote, how do you usually vote?
> 당신은 투표를 합니까? 왜? 혹은 왜 하지 않습니까?

1. Do you~로 시작하는 질문에 대한 답변 → Yes/No로 먼저 답한 후 이유를 설명한다.
2. Why에 대한 답변 → 1~2개 정도의 근거를 제시한다.
   - ex It is a very important duty.
     이는 굉장히 중요한 의무입니다.
   - ex It is every citizen's duty to vote during elections.
     선거 기간에 투표를 하는 것은 모든 시민의 의무입니다.
3. How에 대한 답변 → 후보를 어떻게 결정하는지 차례대로 서술
   - ex I listen carefully to what the candidates say, and then I do my best to make the right choice. I don't follow just one party.
     저는 후보들이 말하는 것을 귀 기울여 듣고 올바른 선택을 하기 위해 최선을 다합니다. 저는 특정 정당만을 추종하지 않습니다.

기출공략 문제

02 Chapter
Life 삶에 대한 질문

🎧 Q.10_01.mp3

Q 01. Describe your daily routine.
당신의 하루 일과를 설명해 주세요.

A Level 3
🎧 A.10_03.mp3

I start my day by splashing my face with cold water to wake up. Then I eat breakfast and drink coffee. I take a bus to work and walk up the stairs to my office. I eat lunch with the same coworkers everyday and stand with them while they smoke. Most days, I work overtime and have dinner with my coworkers. When I get home, I take a shower and read a book in bed till I fall asleep.

저는 제 얼굴을 찬물로 씻어 잠을 깨며 하루를 시작합니다. 그리고는 아침을 먹고 커피를 마십니다. 버스를 타고 출근을 하고 계단을 올라 사무실에 갑니다. 매일 같은 동료들과 점심을 먹고 그들이 담배를 피울 때 함께 서 있습니다. 거의 매일 야근을 하고 동료들과 저녁을 먹습니다. 집에 가면 샤워를 하고 침대에서 잠이 들 때까지 책을 읽습니다.

Level 4
🎧 A.10_04.mp3

I begin my day with a splash of cold water on my face. After eating a quick breakfast of eggs and coffee, I take a bus to my office. When I get there, I take the stairs to my floor. I have lunch with the same group of coworkers everyday and stand by them while they smoke. Most days, I work late and join my colleagues for dinner. When I get home, I shower and read a book in bed till I fall asleep.

저는 제 얼굴을 냉수로 씻으면서 하루를 시작합니다. 계란과 커피로 빨리 아침을 먹는 버스를 타고 출근합니다. 회사에 도착해서는 제 사무실이 있는 층까지 계단으로 올라갑니다. 매일 같은 동료들과 함께 점심을 먹고 그들이 담배를 피우는 동안 옆에 서 있습니다. 거의 매일 늦게까지 일하고는 동료들과 함께 저녁을 먹습니다. 집에 돌아가면 샤워를 하고 침대에서 잠이 들 때까지 책을 읽습니다.

Level 5
🎧 A.10_05.mp3

My day begins with a splash of cold water on my face. I use public transit to get to work after a brief breakfast of eggs and coffee. Upon arrival at the office, I use the stairs all the way up to my floor. I take lunch with a regular group of my colleagues and join them when they smoke, even though I do not. Quite regularly I work late and join my colleagues for dinner. When I arrive home, I shower then read in bed till I fall asleep.

제 하루는 얼굴을 냉수로 씻으면서 시작됩니다. 간단하게 아침으로 계란과 커피를 먹은 후 대중교통을 이용해 출근합니다. 회사에 도착해서는 제 사무실에 있는 층까지 계단으로 올라갑니다. 항상 점심을 함께 하는 동료들과 점심 식사를 한 후에 저는 피우지 않아도 그들이 담배를 피우는 동안 함께 합니다. 거의 매일 야근하고 동료들과 저녁 식사를 합니다. 집에 도착하면 샤워를 하고 침대에서 잠이 들 때까지 책을 읽습니다.

KEY EXPRESSION   필요한 문장에 ✔ 하세요.

☐ I start my day by splashing my face with cold water to wake up.
   저는 제 얼굴을 찬물로 씻어 잠을 깨며 하루를 시작합니다.

☐ Then I eat breakfast and drink coffee.
   그리고는 아침을 먹고 커피를 마십니다.

☐ I take a bus to work and walk up the stairs to my office.
   버스를 타고 출근을 하고 계단을 올라 사무실에 갑니다.

☐ After eating a quick breakfast of eggs and coffee, I take a bus to my office. When I get there, I take the stairs to my floor.
   계란과 커피로 빨리 아침을 먹고는 버스를 타고 출근합니다. 회사에 도착해서는 제 사무실이 있는 층까지 계단으로 올라갑니다.

☐ I use public transit to get to work.
   대중교통을 이용해 출근합니다.

☐ I eat lunch with the same coworkers everyday.
   매일 같은 동료들과 점심을 먹습니다.

☐ Most days, I work late and join my colleagues for dinner.
   거의 매일 늦게까지 일하고는 동료들과 함께 저녁을 먹습니다.

☐ When I get home, I take a shower and read a book in bed till I fall asleep.
   집에 가면 샤워를 하고 침대에서 잠이 들 때까지 책을 읽습니다.

앨리's Answer Tip

하루 일과 설명할 때에는 기준이 되는 일들을 중심으로 시간차 설명한다.

ex 기상 → 아침 식사 → 출근 → 점심식사 → 퇴근 → 밤

 02. Describe your birthday.

당신의 생일에 대해 설명해주십시오.

 Level 3

I always celebrate my birthday with friends and family. If my birthday is on a weekday, I celebrate my birthday with coworkers, then with family and friends on the closest weekend.

저는 항상 제 생일을 가족과 친구들과 함께 보냅니다. 생일이 주 중이라면 생일 당일은 회사 동료들과 축하하고, 가족과 친구들은 가장 가까운 주말에 만납니다.

Level 4

I always celebrate my birthday with family and friends. If my birthday falls on a weekday, I celebrate with my coworkers on that day, and then celebrate again with family and friends on the nearest weekend.

저는 항상 제 생일을 가족과 친구들과 함께 보냅니다. 생일이 주 중에 있으면 생일 당일은 회사 동료들과 보내고 가족들과 친구들은 생일 당일과 가장 가까운 주말에 만나 한 번 더 생일을 축하합니다.

Level 5

I invariably celebrate my birthday with friends and family. If my birthday takes place on a weekday, I celebrate the event with my colleagues on the same day then arrange to celebrate with family and friends on the nearest following weekend.

저는 생일은 변함없이 가족과 친구들과 보냅니다. 만일 생일이 주 중이라면 생일 당일에는 회사 동료들과 축하를 하고 그 다음 돌아오는 주말에 가족과 친구들과 따로 약속을 잡습니다.

KEY EXPRESSION 필요한 문장에 ✓ 하세요.

☐　I always celebrate my birthday with friends and family.

　　저는 항상 제 생일을 가족과 친구들과 함께 보냅니다.

☐　If my birthday is on a weekday, I celebrate my birthday with coworkers, then with family and friends on the closest weekend.

　　생일이 주 중이라면 회사 동료들과 기념하고, 가족과 친구들은 가장 가까운 주말에만 납니다.

☐　I invariably celebrate my birthday with friends and family.

　　저는 생일은 변함없이 가족과 친구들과 보냅니다.

☐　on the nearest following weekend

　　그 다음 돌아오는 주말에

☐　If my birthday takes place on a weekday, I celebrate with my coworkers on that day, and then celebrate again with family and friends on the nearest weekend.

　　만일 생일이 주 중에 있으면 생일 당일에는 회사동료들과 축하를 하고 그 다음 돌아오는 주말에 가족과 친구들과 따로 약속을 잡습니다.

Q.12_01.mp3

03. How often do you go out?
외출은 얼마나 자주 합니까?

 Level 3   A.12_03.mp3

I go out once or twice a week. That doesn't include business dinners.

일주일에 한번이나 두 번 정도 외출합니다. 회식은 제외하고요.

Level 4   A.12_04.mp3

I go out one or two times per week, not including business dinners.

회식을 포함하지 않으면 매주 한번이나 두 번 정도 외출합니다.

Level 5   A.12_05.mp3

Other than business dinners, I go out once or twice per week.

회식을 제외하고 매주 한번이나 두 번 정도 외출합니다.

KEY EXPRESSION   필요한 문장에 ✓ 하세요.

☐ I go out <u>once or twice a</u> week.
　　일주일에 한번이나 두 번 정도 외출합니다.

☐ I go out <u>one or two times per</u> week, not including business dinners.
　　회식을 포함하지 않으면 매주 한번이나 두 번 정도 외출합니다.

☐ <u>Other than</u> business dinners, I go out once or twice per week.
　　회식을 제외하고 매주 한번이나 두 번 정도 외출합니다.

앨리's Answer Tip

How often~? 관련 질문 → 횟수 / 빈도 말하기

once a week 일주일에 한번
once or twice a week 일주일에 한두 번
twice or three times a week 일주일에 두세 번
almost everyday 거의 매일
every weekend 주말마다
every year 매년
every morning 아침마다
not every day but sometimes 매일은 아니지만 가끔

04. What is the thing that makes you really happy?

당신을 진심으로 행복하게 하는 것은 무엇입니까?

Level 3

Something that makes me really happy is reaching a goal. Seeing the results of my hard work is satisfying and gives me self-confidence. Finishing a project can also be a reason to celebrate or take a much-needed break.

저를 진심으로 행복하게 하는 것은 목표를 이루는 것입니다. 제 노력의 결과를 보는 것은 만족감을 주고 자신감을 심어 줍니다. 프로젝트 하나를 마친 후 축하를 하거나 필요했던 휴식을 갖는 것은 그 이유 때문입니다.

Level 4

Something that makes me really happy is achieving a goal. Seeing the outcome of my efforts satisfies me and gives me a sense of pride. Completing a project can also give reason to celebrate or take a well-deserved break.

저를 진심으로 행복하게 만드는 것은 목표를 달성하는 것입니다. 제 노력에 따른 결과를 보는 것은 저를 만족시키고 자부심을 줍니다. 프로젝트를 성공적으로 마친 후 축하를 하거나 휴식을 취하는 것에는 마땅한 이유가 있습니다.

Level 5

Something that makes me really happy is accomplishing a goal. Realizing the fruits of my labor is satisfying and self-assuring. Finalizing a project can additionally give cause to celebrate or take time to unwind.

저를 진심으로 행복하게 하는 것은 목표를 성취하는 것입니다. 제 노동의 결과를 대면하는 것은 만족감을 주고 스스로에게 자신감을 채워 줍니다. 그래서 프로젝트를 마치는 축하를 하거나 잠시 긴장을 풀고 쉬게 하는 이유가 됩니다.

KEY EXPRESSION 필요한 문장에 ✓ 하세요.

☐ Something that makes me really happy is reaching a goal.
저를 진심으로 행복하게 해주는 것은 목표를 이루는 것입니다.

☐ Seeing the results of my hard work is satisfying and gives me self-confidence.
제 노력의 결과를 보는 것은 만족감을 주고 자신감을 채워 줍니다.

☐ Finishing a project can also be a reason to celebrate or take a much-needed break.
프로젝트 하나를 마친 후 축하를 하거나 필요했던 휴식을 갖는 것은 그 이유 때문입니다.

☐ Something that makes me really happy is achieving a goal.
저를 진심으로 행복하게 해주는 것은 목표를 달성하는 것입니다.

☐ Realizing the fruits of my labor is satisfying and self-assuring.
제 노동의 결과를 대면하는 것은 만족감을 주고 스스로에게 자신감을 채워 줍니다.

☐ Finalizing a project can additionally give cause to celebrate or take time to unwind.
프로젝트를 마치는 축하를 하거나 잠시 긴장을 풀고 쉬게 하는 이유가 됩니다.

앨리's Answer Tip

두괄식 답변에서 동명사 형태로 대답하는 법

Something that makes me really happy is reaching a goal. 목표를 이루는 것
Something that makes me really happy is challenging myself. 한계에 도전하는 것
Something that makes me really happy is completing a project on time. 시간에 맞춰 프로젝트를 완수하는 것

05. Tell me about an accomplishment you are proud of.

목표를 이룬 것 중에 가장 자랑스러운 것을 말해주십시오.

Level 3

A.14_03.mp3

I am very proud of my 6-pack abs. None of my friends or family believed I could do it but I did. My self-confidence is a lot better now, too.

저는 제 식스 팩이 가장 자랑스럽습니다. 제 친구나 가족 중에 아무도 제가 할 수 없을 거라 생각했지만 해냈습니다. 자신감도 역시 더 좋아졌습니다.

Level 4

A.14_04.mp3

An accomplishment I'm very proud of is my 6-pack abs. No one among my friends or family could imagine me achieving it but I have. My self-confidence has increased a lot, also.

제가 자랑스럽게 생각하는 것은 식스 팩입니다. 제 친구나 가족 중에 아무도 제가 해낼 수 있을 거라 상상조차 못했지만 해냈습니다. 자신감도 아주 커졌습니다.

Level 5

A.14_05.mp3

One accomplishment I'm very proud of is attaining 6-pack abs. Neither my friends nor family had faith in my achieving such a goal but I have. As you can imagine, my self-confidence has improved greatly, as well.

제가 아주 큰 성취감을 느끼는 것 중에 하나는 식스 팩을 만든 것입니다. 제 친구나 가족 중에 그 누구도 제가 목표를 이룰 것이라 믿지 못했지만 만들었습니다. 여러분이 예상하시는 대로 자신감도 굉장히 많아졌습니다.

KEY EXPRESSION   필요한 문장에 ✓ 하세요.

☐ One accomplishment I'm very proud of is attaining 6-pack abs.
제가 아주 큰 성취감을 느끼는 것 중에 하나는 식스 팩을 만든 것입니다.

☐ None of my friends or family believed I could do it but I did.
제 친구나 가족들은 제가 할 수 없을 거라 생각했지만 해냈습니다.

☐ Neither my friends nor family had faith in my achieving such a goal but I have.
제 친구나 가족 중에 그 누구도 제가 목표를 이룰 것이라 믿지 못했지만 만들었습니다.

☐ My self-confidence is a lot better now, too.
자신감도 더 생겼습니다.

☐ As you can imagine, my self-confidence has improved greatly, as well.
여러분이 예상하시는 대로 자신감도 굉장히 많아졌습니다.

06. How would you explain your basic life philosophy?

당신의 기본적인 인생 철학은 무엇입니까?.

Level 3

My basic life philosophy is to treat people the way I want to be treated. Unfortunately, it's not always possible and sometimes I treat people the way they treat me.

제 기본 인생철학은 '내가 대우받고 싶은 대로 사람들을 대하라'입니다. 불행히도 이것은 항상 가능한 것은 아니라서 때로는 사람들이 나에게 하는 대로 저도 사람들을 대합니다.

Level 4

For me, life is how you deal with people. If I'm rude or inconsiderate to someone, I shouldn't be surprised or upset when other people act like that with me. If they're rude and inconsiderate first though, I might want to do the same to them.

저에게 삶이란 사람들과 어떻게 지내느냐 입니다. 만약 제가 누군가에게 무례하게 굴거나 배려하지 않는다면 다른 이들이 저에게 그런 행동을 하는 것에 놀라거나 속상해하면 안 됩니다. 만약 그들이 무례하고 배려 없는 행동을 먼저 하고 자주 한다면 저도 그들에게 똑같이 행동하고 싶어질 것입니다.

Level 5

I believe in the Golden Rule. Most world religions teach this basic principle of human interaction. However, on the receiving end only so much impertinence is tolerable and I'm likely to react in kind.

저는 황금률을 믿습니다. 이 세상 대부분의 종교는 사람 간의 상호작용의 기본 원리에 대해 가르칩니다. 하지만, 받는 쪽에서는 일정 수준의 무례함은 용서할 수 있고 저는 그와 같은 수준으로 대응할 것 같습니다.

KEY EXPRESSION   필요한 문장에 ✓ 하세요.

- [ ] My basic life philosophy is to treat people the way I want to be treated.
  제 기본 인생철학은 '내가 대우받고 싶은 대로 사람들을 대하라'입니다.

- [ ] Unfortunately, it's not always possible and sometimes I treat people the way they treat me.
  불행히도 이것은 항상 가능한 것은 아니라서 때로는 사람들이 나에게 하는 대로 저도 사람들을 대합니다.

- [ ] For me, life is how you deal with people.
  저에게 삶이란 사람들과 어떻게 지내느냐 입니다.

- [ ] If I'm rude or inconsiderate to someone, I shouldn't be surprised or upset when other people act like that with me.
  만약 제가 누군가에게 무례하게 굴거나 배려하지 않는다면 다른 이들이 저에게 그런 행동을 하는 것에 놀라거나 속상해 하면 안 됩니다.

- [ ] I believe in the Golden Rule.
  저는 황금률을 믿습니다.

- [ ] Most world religions teach this basic principle of human interaction.
  이 세상 대부분의 종교는 사람 간의 상호작용의 기본 원리에 대해 가르칩니다.

 07. For self-development, what do you do?

자기 개발을 위해서 무엇을 합니까?

 **Level 3**

To develop myself, I try to learn something new every day. Some examples are a new word or phrase in English, how to improve my health, social issues, or how to deal with people.

제 자신을 개발하기 위해서 매일 새로운 것을 배우려고 합니다. 예를 들면 새로운 영어 단어나 구절을 배워 사용하려고 하거나 어떻게 더 건강해질 수 있을까 고민하고 사회 뉴스를 읽거나 사람들과의 관계를 어떻게 만들어가나 고민합니다.

Level 4

To develop myself, I attempt to learn something new every day. As an example, I learn and use one new phrase in English, learn how to improve my health, read about social issues, or how to relate with others.

제 자신을 발전시키기 위해서 매일 새로운 것을 배우려고 노력합니다. 예를 들어, 새로운 영문 구절 하나를 배워 사용하려고 하고 어떻게 더 건강해질 수 있을까 공부하고 사회 뉴스를 읽거나 다른 사람들과의 관계를 쌓기 위해 노력합니다.

Level 5

For self-development, I make it a point to educate myself on a variety of topics every day. To give an example, some topics include English vocabulary and phrases, health improvement, staying up-to-date on social issues, and interpersonal relations.

자기 개발을 위해서 매일 다른 주제를 선택해서 공부하려고 노력합니다. 예를 들면 어떤 때에는 영어 단어와 구절을 배우는 것을 주제로 삼고, 때로는 건강 개선이나 최신 사회 정보를 공부하고 인간관계에 대해 생각합니다.

KEY EXPRESSION   필요한 문장에 ✓ 하세요.

☐   To develop myself, I try to learn something new every day.

제 자신을 개발하기 위해서 매일 새로운 것을 배우려고 합니다.

☐   <u>Some examples</u> are a new word or phrase in English, how to improve my health, social issues, or <u>how to deal with people</u>.

예를 들면 새로운 영어 단어나 구절을 배워 사용하려고 하거나 어떻게 더 건강해질 수 있을까 고민하고 사회 뉴스를 읽거나 <u>사람들과의 관계를 어떻게 만들어가나</u> 고민합니다.

☐   As an example, I learn and use one new phrase in English.

예를 들어, 새로운 영문 구절을 하나 배워 사용하려고 합니다.

☐   For self-development, I <u>make it a point to educate my self on a variety of topics</u> everyday.

자기 개발을 위해서 매일 <u>다른 주제를 선택해서 공부하려고</u> 노력합니다.

☐   To give an example, some topics include English vocabulary and phrases, health improvement, <u>staying up-to-date on social issues</u>, and <u>interpersonal relations</u>.

예를 들자면 어떤 때에는 영어 단어와 구절을 배우는 것을 주제로 삼고, 때로는 건강 개선이나 <u>최신 사회 정보를 공부하고</u> <u>인간관계</u>에 대해 생각합니다.

Q.17_01.mp3

08. How are you preparing for your retirement?

당신은 노후 준비를 어떻게 하고 있나요?

 Level 3

A.17_03.mp3

I am preparing for retirement by being registered to a pension plan, and saving money for my retirement.

저는 연금제도에 가입하고 노후를 위한 저축을 하는 등 퇴직 준비를 하고 있습니다.

Level 4

A.17_04.mp3

I am preparing for retirement by being enrolled in a pension plan through my company, but also by setting aside a certain percentage of my monthly paycheck to a separate bank account for my retirement.

저는 저희 회사를 통해 연금제도에 가입을 하는 등의 퇴직을 위한 준비를 하고 있습니다. 그리고 또한 제 월급의 특정 비율을 따로 구분해서 분리된 통장에 퇴직을 위한 저축을 합니다.

Level 5

A.17_05.mp3

My retirement preparation consists of enrollment in my company's pension plan in conjunction with the allocation of a regularly specified amount of my monthly wages into a personal savings plan through my bank.

저는 저희 회사의 연금제도에 가입하는 것과 동시에 제 월급의 일정 금액을 할당하여 은행의 개인 통장에 저축하는 등의 계획을 세우는 것으로 노후를 준비하고 있습니다.

KEY EXPRESSION 필요한 문장에 ✓ 하세요.

☐ **I am preparing for retirement by ~**
저는 ~함으로써 퇴직을 준비하고 있습니다.

☐ **by being registered to a pension plan**
연금제도에 가입함으로써

☐ **by being enrolled in a pension plan through my company**
회사를 통해 연금제도에 가입함으로써

☐ **by setting aside a certain percentage of my pay check to a separate bank account**
제 월급의 특정 비율을 따로 구분해서 분리된 통장에 저축함으로써

☐ **enrollment in my company's pension plan**
회사의 연금제도에 가입

☐ **my monthly paycheck = my monthly wages**
월급

앨리's Answer Tip

질문 잘 듣기
현재진행형으로 질문을 받았다면 현재진행형으로 답변해야 한다.
ex How are you preparing? → I am preparing ~

🎧 Q.18_01.mp3

Q 09. Do you vote? Why / Why not? If you do vote, how do you usually vote?

당신은 투표를 합니까? 왜? 혹은 왜 하지 않습니까?

A Level 3
🎧 A.18_03.mp3

Yes, I vote. It is a very important duty. I listen carefully to what the candidates say, and then I do my best to make the right choice. I don't follow just one party.

네, 투표합니다. 이는 굉장히 중요한 의무입니다. 저는 후보들이 말하는 것을 귀 기울여 듣고 올바른 선택을 하기 위해 최선을 다합니다. 저는 한 정당만을 추종하지 않습니다.

Level 4
🎧 A.18_04.mp3

Yes, I vote. It is every citizen's duty to vote during elections. As such, I evaluate carefully each potential candidate, and even consider how that candidate's party has been doing and their basic policies, before making my final choice at the ballot. I don't care about being loyal to just one party.

네, 투표합니다. 선거 기간에 투표를 하는 것은 모든 시민의 의무입니다. 그렇기 때문에 저는 유력한 후보 모두를 신중하게 평가하고 그 후보의 정당이 어떤 일을 해왔고 그들의 기초 정책이 무엇인지도 고려한 다음에 투표소에서 마지막 선택을 합니다. 저는 특정 정당만을 추종하지 않습니다.

Level 5
🎧 A.18_05.mp3

Yes, I vote. I feel it is the responsibility of every eligible voter to partake in the election process. Not voting leaves all the power in the hands of those you may not agree with. One should weigh carefully the policies and views of each candidate and their respective parties before going to the ballot. I don't identify with any one particular party.

네, 투표합니다. 저는 유권자들이 선거 과정에 참여하는 것이 의무라고 느낍니다. 투표를 하지 않는 것은 당신이 동의하지 않는 자의 손에 권력을 쥐여주는 것과 같습니다. 모든 이들이 투표소로 가기 전에 각 후보들과 그들의 정당의 정책과 견해를 조심히 살펴보아야 합니다. 저는 특정 정당만을 지지하지는 않습니다.

KEY EXPRESSION 필요한 문장에 ✔ 하세요.

☐ Yes, I vote.
네 투표합니다.

☐ It is a very important duty.
이는 굉장히 중요한 의무입니다.

☐ I listen carefully to what the candidates say.
저는 후보들이 말하는 것을 귀 기울여 듣습니다.

☐ And then I do my best to make the right choice.
올바른 선택을 하기 위해 최선을 다합니다.

☐ I don't follow just one party.
저는 특정 정당만을 추종하지 않습니다.

☐ It is every citizen's duty to vote during elections.
선거 기간에 투표를 하는 것은 모든 시민의 의무입니다.

☐ As such, I evaluate carefully each potential candidate.
그렇기 때문에 저는 유력한 후보 모두를 신중하게 평가합니다.

☐ I consider how that candidate's party has been doing and their basic policies.
그 후보의 정당이 어떤 일을 해 왔고 그들의 기초 정책이 무엇인지도 고려합니다.

☐ before making my final choice at the ballot
투표소에서 마지막 선택을 하기 전에

☐ before going to the ballot
투표소로 가기 전에

☐ I don't identify with any one particular party.
저는 특정 정당만을 지지하지는 않습니다.

Part 02 Possible Questions & Answers **057**

Chapter 03
Work & Co-workers
일과 동료

PART 02 Possible Questions & Answers

챕터소개

일과 동료에 대한 질문은 SPA 시험과 가장 관련이 깊은 주제이다. 특히 Level 4 이상을 원하는 응시자는 심도 있는 언어 구사력은 다소 부족하더라도 비즈니스 회화가 가능해야 한다. 즉 실무와 관련된 질문으로 되어 있는 Chapter 3 관련 질문에서 업무와 밀접한 발상과 답변을 하는 것이 중요하다.

출제경향

출제 빈도가 높은 질문에는 동료들 간의 협동심이나 화합을 묻는 문제와 일의 성과에 대한 것 등이 있다. 따라서 회사 생활 및 직장 동료와의 관계 그리고 업무와 관련된 다양한 어휘와 표현들을 익혀두어야 한다.

답변전략

업무에 관련된 발상을 하자!

'What do you usually do on the Internet?' (인터넷으로 주로 무엇을 하십니까?)와 같은 질문을 받았다. 단순히 인터넷으로 쇼핑을 하거나 기사 검색을 한다고 말 할 수 있겠지만 다음과 같이 업무와 관련된 답변을 하는 것이 고득점에 이르는 지름길이다.

ex Most of the time I spend on the Internet is for research related to my work. Otherwise, I use it to keep up on current events from here and around the world.
제가 인터넷에 사용하는 대부분의 시간은 제 직종과 관련된 조사입니다. 그것 외에는 세계 여러 곳의 최신 정보를 찾아보는데 사용합니다.

어휘를 익히자!

담당하고 있는 일에 대한 어휘는 필수적으로 외워서 면접에 임해야 한다. 또한 회의, 회식, 이메일 확인 등 업무의 연장선에 있는 영역의 어휘 역시 준비하고 연습해야 한다. 이때, 상황에 적합한 어휘를 택하여 쓰는 것이 당연하지만 여러 개의 단어나 어휘가 있다면 그 중 자신이 발음하기 쉽고 익숙한 단어나 표현을 택하여 쓰는 것도 한 방법이다.

기출공략 문제

Chapter 03
Work & Co-workers 일과 동료

🎧 Q.19_01.mp3

Q 01. How many hours do you work each day?
하루에 몇 시간 동안 일을 합니까?

A Level 3
🎧 A.18_03.mp3

I work about 10 hours a day including lunch and dinner meetings.

점심과 저녁 회의를 포함해서 하루에 10시간 정도 일합니다.

Level 4
🎧 A.18_04.mp3

I'm at the office a total of roughly 10 hours a day. That includes lunch and dinner meetings.

하루에 10시간 정도 회사에 있습니다. 그 시간 안에 점심과 저녁 회의도 포함됩니다.

Level 5
🎧 A.18_05.mp3

My total average number of hours spent at the office each day, including lunch and dinner meetings, is approximately 10 hours.

매일 회사에서 보내는 시간은 점심과 저녁 회의를 포함해서 대략 10시간 정도 됩니다.

KEY EXPRESSION 필요한 문장에 ✓ 하세요.

☐   I work about 10 hours a day.
    하루에 10시간 정도 일합니다.

☐   I work about 10 hours a day including lunch and dinner meetings.
    점심과 저녁 회의를 포함해서 하루에 10시간 정도 일합니다.

☐   I'm at the office a total of roughly 10 hours a day.
    하루에 10시간 정도 회사에 있습니다.

☐   That includes lunch and dinner meetings.
    그 시간 안에 점심과 저녁 회의도 포함됩니다.

☐   My total average number of hours spent at the office each day, including lunch and dinner meetings, is approximately 10 hours.
    매일 회사에서 보내는 시간은 점심과 저녁 회의를 포함해서 대략 10시간 정도 됩니다.

앨리's Answer Tip

일 관련 어휘 & 표현

a temporary job 임시직
ask for a pay raise 급여 인상을 요청하다
covering for others 대체근무
executive power 관리능력
finish the proposal 제안서 작성을 끝내다
general manger 부장님
get down to work 일하기 시작하다
get more bonuses 보너스를 좀 더 받다
make financial ends meets 수지 균형을 맞추다
maternity leave 출산휴가
minimum wage 최저임금
paid vacation 유급휴가

pension plan 연금제도
profit-sharing 이윤분배
promotion 승진
raise productivity 생산성을 높이다
rush hour (출퇴근 교통) 정체 시간대
salary 급여
sick day(=sick leave) 병가
stay late 늦게까지 남다, 야근하다
weekly meeting 주간회의
Work Manager 공장장
working overtime 초과근무
working time 근무시간

02. Describe how you prepare for a meeting.

회의 준비를 어떻게 하는지 설명해 주십시오.

 Level 3

I prepare for a meeting by double-checking everything related to the topic of the meeting. Then I think about what I want to ask during the meeting and if it's really important or not.

저는 회의 주제와 관련된 모든 사항을 재확인하며 회의를 준비합니다. 그리고 나서 회의 중에 하고 싶은 질문이 얼마나 중요한지 아닌지를 생각합니다.

Level 4

When I prepare for a meeting, I review all of the information and material related to it. I then think about any questions I might have and whether or not I really need to ask them.

저는 회의를 준비할 때 관련된 모든 정보와 준비물을 검토합니다. 그리고 질문하고 싶은 사항을 생각하면서 정말로 물어봐야 하는지 아닌지를 검토합니다.

Level 5

When preparing for a meeting, I review any and all related materials or information. I then carefully consider the need for any queries.

저는 회의를 준비할 때 회의와 관련된 준비물이나 정보를 어떤 것이든 모두 다 검토합니다. 그리고는 어떤 질문이 필요한지에 대해 숙고합니다.

KEY EXPRESSION 필요한 문장에 ✔ 하세요.

☐ I prepare for a meeting by double-checking everything.
저는 모든 사항을 재확인하며 회의를 준비합니다.

☐ I prepare for a meeting by double-checking everything related to the topic of the meeting.
저는 회의 주제와 관련된 모든 사항을 재확인하며 회의를 준비합니다.

☐ Then I think about what I want to ask during the meeting.
그 다음에 회의 중에 질문할 것에 대해 생각합니다.

☐ When I prepare for a meeting, I review all of the information and material related to it.
저는 회의를 준비할 때 관련된 모든 정보와 준비물을 검토합니다.

☐ I then think about any questions I might have and whether or not I really need to ask them.
그리고 질문하고 싶은 사항을 생각하면서 정말로 물어봐야 하는지 아닌지를 검토합니다.

☐ I review any and all related materials or information.
회의와 관련된 준비물이나 정보를 어떤 것이든 모두 다 검토합니다.

03. What do you usually do on the Internet?

인터넷으로 주로 무엇을 하십니까?

Level 3

I usually do research for my job and keep up on the news and world events.

주로 제 직종과 관련된 검색을 하거나 최신 뉴스와 세계 소식을 접합니다.

Level 4

Most of the time I spend on the Internet is for research related to my work. Otherwise, I use it to keep up on current events from here and around the world.

제가 인터넷에 사용하는 대부분의 시간은 제 직종과 관련된 조사입니다. 그것 외에는 세계 여러 곳의 최신 소식을 찾아보는데 사용합니다.

Level 5

Most of my time on the Internet is spent doing research to better my career and stay informed on recent world events.

인터넷을 사용하는 대부분의 시간은 제 업무를 위해 쓰이며 최신 세계 정보를 접하는데도 사용합니다.

KEY EXPRESSION   필요한 문장에 ✓ 하세요.

☐ Most of the time I spend on the Internet is for research related to my work.
제가 인터넷에 사용하는 대부분의 시간은 제 직종과 관련된 조사입니다.

☐ I keep up on the news and world events.
저는 최신 뉴스와 세계 뉴스를 접합니다.

☐ Otherwise, I use it to keep up on current events from here and around the world.
그것 외에는 세계 여러 곳의 최신 정보를 찾아보는데 사용합니다.

☐ Most of my time on the Internet is spent doing research to better my career.
인터넷을 사용하는 대부분의 시간은 제 업무를 위해 사용합니다.

앨리's Answer Tip

인터넷으로 주로 하는 일

인터넷으로 다양한 일을 할 수 있지만 이왕이면 업무에 관련되었음을 은근히 보여주는 것이 좋고 만약 온라인 쇼핑이나 게임을 한다는 말을 한다면, 여가 시간에 이루어짐을 말하는 것이 좋다.

keep up on the news 최신 뉴스를 접하다
check- email 이메일 확인하다
do research 조사하다
shop online 온라인 쇼핑하다
search for information 정보를 찾다
play online games 온라인 게임을 하다
surf the Net 웹사이트를 둘러보다
chat online 온라인 채팅하다

🎧 Q.22_01.mp3

 04. How often do you check your email?

이메일을 얼마나 자주 확인합니까?

 Level 3   🎧 A.22_03.mp3

I have my smart phone set to alert me when I get new emails so I don't need to check often.

새 이메일이 오면 알리도록 스마트폰에 설정을 해놓아서 자주 확인하지 않아도 됩니다.

Level 4   🎧 A.22_04.mp3

I set my smart phone to give an alert when new emails arrive so I don't need to check regularly.

새 이메일이 도착하면 알림을 하도록 스마트폰 설정을 해놓아서 규칙적으로 확인을 안 해도 됩니다.

Level 5   🎧 A.22_05.mp3

My smart phone is set to send alerts as new emails arrive. Regularly checking for email is no longer necessary.

제 스마트폰은 새 이메일이 도착하면 알려주도록 설정되어 있습니다. 그래서 규칙적으로 이메일을 확인할 필요가 없어졌습니다.

KEY EXPRESSION 필요한 문장에 ✓ 하세요.

☐ I have my smart phone set.
　 저는 스마트폰 설정을 해 두었습니다.

☐ I don't need to check often.
　 자주 확인하지 않아도 됩니다.

☐ I have my smart phone set to alert me when I get new emails so I don't need to check often.
　 새 이메일이 오면 알리도록 스마트폰에 설정을 해놓아서 자주 확인하지 않아도 됩니다.

☐ I set my smart phone to give an alert when new emails arrive.
　 새 이메일이 도착하면 알림을 하도록 스마트폰 설정을 해놓았습니다.

☐ My smart phone is set to send alerts as new emails arrive.
　 제 스마트폰은 새 이메일이 도착하면 알려주도록 설정되어 있습니다.

☐ Regularly checking for email is no longer necessary.
　 그래서 규칙적으로 이메일을 확인할 필요가 없어졌습니다.

앨리's Answer Tip

no longer : 더 이상 ~하지 않는
주로 빈도부사의 위치와 동일하다 (be동사 뒤, 조동사 뒤, 일반동사 앞)

- ex) The ticket is no longer valid. 티켓은 유효기간이 끝났다.
- ex) That is no longer acceptable. 그건 더 이상 받아들여질 수 없다.
- ex) Regularly checking for email is no longer necessary. 더 이상 규칙적으로 이메일을 확인할 필요가 없다.

🎧 Q.23_01.mp3

 05. Do you like the co-workers in your current company? What are they like?

당신은 지금 직장의 동료들을 좋아하십니까? 그분들은 어떻습니까?

 Level 3   🎧 A.23_03.mp3

Yes, I like them. We're not very close but we get along just fine. They tend to keep business and personal interests apart. We all accept that we have our own social or family lives outside the company and respect that.

네, 좋아합니다. 많이 친하지는 않지만 서로 잘 어울립니다. 동료들은 업무와 개인의 관심사를 분리하려고 합니다. 모두들 회사 밖에서 각자의 사회 혹은 가정이 있음을 받아들이고 존중합니다.

Level 4   🎧 A.23_04.mp3

Sure, I like them. We aren't overly familiar with each other but get on well enough. They all have a tendency toward drawing a line between business and personal affairs. It is an unspoken rule that we already have our own lives established outside the company and it is off limits.

네 당연히 좋아합니다. 우리는 서로 매우 친하지는 않지만 충분히 잘 어울려 지냅니다. 모두가 업무와 개인적인 사무 사이에 선을 그으려는 경향을 가지고 있습니다. 회사 밖에 각자의 삶이 있다는 것에 대해 말하지 않아도 서로 잘 알고 있습니다.

Level 5   🎧 A.23_05.mp3

Certainly, I like them. We aren't terribly intimate with each other yet are friendly and courteous towards each other. They are all inclined to maintain separation of business and personal contexts. It is generally accepted that our lives outside the company are not to be interfered with.

물론이죠, 좋아합니다. 우리는 서로 엄청나게 친밀하지는 않지만 서로 친절하게 대하고 예의를 지킵니다. 업무와 개인의 사정을 개별적으로 유지하려는 경향을 가지고 있습니다. 회사 밖의 삶을 간섭하지 않는 것이 일반적이라고 생각합니다.

KEY EXPRESSION   필요한 문장에 ✓ 하세요.

☐ We're not very close but we get a long just fine.
많이 친하지는 않지만 서로 잘 어울립니다.

☐ They tend to keep business and personal interests apart.
동료들은 업무와 개인의 관심사를 분리하려고 합니다. (공사를 구분합니다)

☐ We all accept that we have our own social or family lives outside the company and respect that.
모두들 회사 밖에서 각자의 사회 혹은 가정이 있음을 받아들이고 존중합니다.

☐ We aren't overly familiar with each other but get on well enough.
우리는 서로 매우 친하지는 않지만 충분히 잘 어울려 지냅니다.

☐ It is an unspoken rule.
굳이 말하지 않아도 알고 있습니다.

☐ It is generally accepted that our lives outside the company are not to be interfered with.
회사 밖의 삶을 간섭하지 않는 것이 일반적이라고 생각합니다.

앨리's Grammar Tip

의문사가 없는 의문문으로 묻는 질문은 Yes/No의 답변이 선행되어야 한다. 이어서 관련 내용(이유, 방법, 특징) 등을 구체적으로 서술한다.

질문에 나온 명사는 답변에는 대명사로 받고 문장이 끝까지 대명사를 사용한다.

ex) Do you like your co-workers?
→ Yes, I like them. They tend to keep business and personal interest apart.

06. How do you help them?

동료들을 어떻게 도와줍니까?

 Level 3

Mostly I give my opinion when they ask me. And when someone goes on holiday, I do what I can to cover for them.

대부분은 동료들이 무언가를 물을 때에 제 의견을 말해 줍니다. 그리고 누군가가 휴가를 가면 제가 대신 처리할 수 있는 일은 해 줍니다.

Level 4

If someone asks my opinion, I do my best to help out. Other than that, whenever anyone is on holiday the rest of us fill in for them.

누가 제 의견을 물으면 최선을 다해 도우려고 합니다. 그 밖에는 누군가가 휴가를 가면 나머지 동료들끼리 그 일을 대신 봐 줍니다.

Level 5

Whenever requested, I do my best to advise a colleague on an issue. Otherwise, during holiday season, each of us substitutes for one another.

누군가 요청하면 그 문제에 대해서 동료에게 최상의 조언을 주려고 노력합니다. 그 외에는 휴가철에 모두가 서로의 일을 대신합니다.

KEY EXPRESSION   필요한 문장에 ✔ 하세요.

☐   Mostly I give my opinion when they ask me.
     대부분은 동료들이 무언가를 물을 때에 제 의견을 말해 줍니다.

☐   And when someone goes on holiday, I do what I can to cover for them.
     그리고 누군가가 휴가를 가면 제가 대신 처리할 수 있는 일은 해 줍니다.

☐   If someone asks my opinion, I do my best to help out.
     누가 제 의견을 물으면 최선을 다해 도우려고 합니다.

☐   Other than that, whenever anyone is on holiday the rest of us fill in for them.
     그 밖에는 누군가가 휴가를 가면 나머지 동료들끼리 그 일을 대신 봐 줍니다.

☐   Whenever requested, I do my best to advise a colleague on an issue.
     누군가 요청하면 그 문제에 대해서 동료에게 최상의 조언을 주려고 노력합니다.

☐   Otherwise, during holiday season, each of us substitutes for one another.
     그 외에는 휴가철에 모두가 서로의 일을 대신합니다.

07. What is something you like about working with your co-workers?

당신의 동료들과 일하는 것이 즐거운 이유는 무엇입니까?

Level 3

My co-workers are all very patient and helpful. We're all willing to stop what we're doing to help out with a problem or a question. I also like that most of them don't drink much. Dinner meetings finish early and we can all spend more time with our families.

제 동료들은 굉장히 참을성이 많고 도움을 잘 줍니다. 우리는 어떤 문제나 질문이 있을 때 우리가 하는 일을 잠시 멈추고 서슴없이 도와줍니다. 저 역시 그들 대부분이 술을 많이 마시지 않는 것을 좋아합니다. 그래서 저녁 회식도 빨리 끝나서 가족과 더 많은 시간을 보낼 수 있습니다.

Level 4

What I like about my co-workers is that they are all very patient and helpful. No one minds stopping to help someone with a question or a problem. Another thing I like is that no one really drinks. Dinner meetings finish early and everyone has more time to spend with their families.

제 동료들이 좋은 이유는 바로 모두가 인내심이 많고 서로에게 도움이 많이 되기 때문입니다. 누군가가 어떤 질문이나 문제가 있을 때마다 모두 자신의 일을 멈추고 도와주는 것을 마다하지 않습니다. 또한 아무도 술을 거하게 마시지 않는 것도 좋습니다. 저녁 회식도 일찍 마칠 수 있어서 모두가 가족과 함께 더 많은 시간을 보냅니다.

Level 5

One of the things I like about my co-workers is that each and every one of them are more than willing to come to another's aid to help solve a problem or question. Additionally, few of my colleagues imbibe. Dinner meetings, and the like, end at a reasonable hour allowing everyone to spend more time with their respective families.

제 동료들을 좋아하는 이유 중 하나는 모든 사람이 다른 이의 문제나 질문을 해결하는데 기꺼이 도움을 주려고 한다는 사실입니다. 또한, 동료 중 몇 사람만이 술을 즐겨 마십니다. 그래서 저녁 회식과 같은 자리도 적당한 시간에 마칠 수 있어 모두가 각자의 가족과 함께 더 많은 시간을 보낼 수 있게 됩니다.

KEY EXPRESSION 필요한 문장에 ✔ 하세요.

☐ My co-workers are all very patient and helpful.
제 동료들은 굉장히 참을성이 많고 도움을 잘 줍니다.

☐ We're all willing to stop what we're doing to help out with a problem or question.
우리는 어떤 문제나 질문이 있을 때 우리가 하는 일을 잠시 멈추고 서슴없이 도와줍니다.

☐ I also like that most of them don't drink much.
저 역시 그들 대부분이 술을 많이 마시지 않는 것을 좋아합니다.

☐ What I like about my co-workers is that they are all very patient and helpful.
제 동료들이 좋은 이유는 바로 모두가 인내심이 많고 서로에게 도움이 많이 되기 때문입니다.

☐ Dinner meetings finish early and everyone has more time to spend with their families.
저녁 회식도 일찍 마칠 수 있어서 모두가 가족과 함께 더 많은 시간을 보냅니다.

☐ Dinner meetings, and the like, end at a reasonable hour.
그래서 저녁 회식과 같은 자리도 적당한 시간에 마칠 수 있습니다.

08. One of your colleagues is always late for work and he never finishes his work on time. Your other colleagues consider him to be very lazy. What advice would you give him?

당신의 동료 중 한 사람이 항상 지각을 하고 맡은 일 역시 제시간에 끝내는 법이 없습니다. 다른 직장 동료들은 그 사람을 아주 게으르다고 생각합니다. 그에게 어떤 조언을 하겠습니까?

 Level 3

I would tell him to write out a schedule and try to follow it. Adding reminders to your smart phone is also a good way to keep track of things. I would also suggest he put away anything not related to work. Finally, I would tell him to ask someone to help him stay focused.

저는 그에게 스케줄을 작성하고 그것을 따르라고 말하겠습니다. 스마트폰에 알림 설정을 하는 것도 스케줄을 잊지 않고 따르는게 좋습니다. 또 일과 관련되지 않은 것은 나중에 하라고 제안하고 싶습니다. 마지막으로 그가 집중할 수 있도록 도와달라고 누군가에게 부탁하라고 말하겠습니다.

Level 4

I would recommend that he first make a list of all the things that he needs to achieve according to priority. Next, he should try making a timetable to accomplish all those tasks within their deadlines and then follow that schedule strictly. I would also recommend that he remove anything that could, and does, in fact, distract him from the task at hand. Finally, I would tell him to give his schedule to a trusted friend so that friend may keep track of his progress.

저는 우선 그 사람에게 우선순위에 따라 해야 할 것들의 리스트를 만들라고 조언할 것입니다. 다음으로, 모든 일을 기한 내에 끝내도록 스케줄을 만들고 엄격하게 스케줄을 따라야 합니다. 또한 당장 해야 하는 일에 있어 집중을 방해하는 모든 것들을 사실상 제거하라고 하겠습니다. 마지막으로, 그의 스케줄을 신뢰할 만한 사람에게 주어 그가 일정을 잘 따라가고 있는지 확인토록 하라고 하겠습니다.

Level 5

I would first propose prioritizing tasks. Once compiled, the list could be added to a digital calendar with alert settings to remind him at certain intervals, thus keeping him up to speed. Further advice would include removal of distractions from the workspace. Lastly, I would advocate the 'buddy' system; he should ask someone close to him to aid in sticking to his objectives.

저는 먼저 일의 우선순위를 정하라고 말하겠습니다. 일단 성사되면, 그 목록을 디지털 달력에 추가해 주기적으로 스케줄을 알려주는 알림을 맞춰서 일의 속도를 내 보라고 할 것입니다. 다른 조언으로 집중에 방해되는 것은 업무 공간에서 없애라고 할 것입니다. 마지막으로 저는 '단짝' 시스템을 조언할 것입니다. 그가 가까운 친구에게 부탁해서 목표를 엄격하게 수행하도록 그 친구가 도와주는 것을 말합니다.

KEY EXPRESSION   필요한 문장에 ✓ 하세요.

☐ I would tell him to <u>write out</u> a schedule and try to follow it.
저는 그에게 스케줄을 작성하고 그것을 따르라고 말하겠습니다.

☐ Adding reminders to your smart phone is also a good way.
스마트폰에 알림 설정을 하는 것도 좋은 방법입니다.

☐ I would also suggest he put away anything not related to work.
또 일과 관련되지 않은 것은 나중에 하라고 제안하고 싶습니다.

☐ Finally, I would tell him to ask someone to help him stay focused.
마지막으로 그가 집중할 수 있도록 도와달라고 누군가에게 부탁하라고 말하겠습니다.

☐ I would recommend that he first <u>make a list of all the things</u> that he needs to achieve according to priority.
저는 우선 그 사람에게 우선순위에 따라 해야 할 것들의 리스트를 만들라고 조언할 것입니다.

☐ Next, he should try making a timetable to accomplish all those tasks <u>within their deadlines</u> and then follow that schedule strictly.
다음으로, 모든 일을 기한 내에 끝내도록 스케줄을 만들고 엄격하게 스케줄을 따라야 합니다.

☐ I would also recommend that he remove anything that could, and does, in fact, distract him from the task at hand.
또한 당장 해야 하는 일에 있어 집중을 방해하는 모든 것들을 사실상 제거하라고 하겠습니다.

☐ I would first propose <u>prioritizing tasks</u>.
저는 먼저 일의 우선순위를 정하라고 말하겠습니다.

☐ Further advice would include <u>removal of distractions</u> from the <u>workspace</u>.
다른 조언으로 집중에 방해되는 것은 업무 공간에서 없애라고 할 것입니다.

☐ I would <u>advocate</u> the 'buddy' system; he should ask someone close to him to aid in <u>sticking</u> to his objectives.
마지막으로 저는 '단짝' 시스템을 조언할 것입니다. 그가 가까운 친구에게 부탁해서 목표를 엄격하게 수행하도록 그 친구가 도와주는 것을 말합니다.

Chapter 04
People & Things
사람 & 물건 설명

PART 02 Possible Questions & Answers

챕터소개

사람과 물건에 대한 설명은 SPA 시험에 있어 기본 중의 기본이다. 물건 관련 질문은 SPA 시험 중에 사진을 보여 주고 묘사하는 Chapter 10~13이 따로 있으므로 Chapter 4와 Chapter 10~13이 서로 상호보완적으로 훈련이 가능하므로 궁극적으로 물건 설명에 대해서는 어렵지 않게 느껴질 것이다.

출제경향

사람 관련 질문에서는 가족과 가장 친한 친구에 대해 묻는 문제가 가장 많이 출제되었다. Level 5 이상을 목표하는 응시자들의 경우, 이미 상당한 실력을 갖추고 있는 경우가 많으므로 높은 난이도의 추가질문에 대한 대비가 필요하다. 예를 들어 'Describe your family'라는 질문에 대한 답변이 끝난 후 'Why is family important?' 또는 'How do you discipline your child?'와 같은 추가질문이 주어질 수 있다.

답변전략

무엇을 설명할까?

'Describe yourself.' (자기소개를 해 주십시오) 'Describe one of your belongings that you adore.' (당신이 아끼는 물건 중 하나에 대해 말해 주십시오) 등, describe로 시작하는 질문은 그 대상에 대해 다양한 면을 서술하기를 요구한다. 외모, 형태, 성격, 색깔, 특이사항 등 설명해야 하는 대상이 가진 특징을 먼저 나열 정리한 후, 답변을 작성하는 것이 요령이다. 예를 들어, 'Describe a friend'라는 질문을 받았다면 어떻게 대답을 하는 게 좋을까? 논리적으로 정돈된 대답을 위해서 친구의 기본적인 정보와 외모, 성격 등을 서술해 볼 수 있을 것이다.

관련 어휘를 알아두자!

사람의 외모와 성격을 묘사하는 다양한 어휘를 익혀두어야 한다. 또한 물건의 형태와 색깔에 대해 설명하는 어휘도 익혀두어야 한다. 익힌 어휘들은 Chapter 4뿐 아니라, Chapter 10~13의 사진 설명 관련 질문에서도 백분 활용된다.

기출공략 문제

Chapter 04
People & Things 사람 & 물건 설명

🎧 Q.27_01.mp3

Q 01. Describe yourself.
자기소개를 해 주십시오.

A Level 3
🎧 A.27_03.mp3

My name is Stanly Park. I'm from Korea. I describe myself as outgoing and friendly. I'm good at solving problems and making compromises. Other interests include music and art.

제 이름은 스탠리 박입니다. 한국에서 왔습니다. 저는 제 자신을 외향적이고 따뜻한 사람이라고 표현하고 싶습니다. 문제를 해결하고 절충안을 찾는 것을 잘 합니다. 또한, 음악과 예술에 관심이 있습니다.

Level 4
🎧 A.27_04.mp3

My name is Stanly Park. I come from Korea. If I were to describe myself, I would say I'm very outgoing and easy to get along with. Also, I like to find solutions to problems. When facing a problem, I do my best to find a compromise. I enjoy music and art and know a lot about them.

제 이름은 스탠리 박입니다. 한국 출신입니다. 저에 대해서 설명하자면 외향적이고 쉽게 친해질 수 있는 사람이라고 말하겠습니다. 또한 문제가 있을 때 해결책을 찾는 것을 좋아합니다. 문제에 직면하면 절충안을 찾기 위해 최선을 다 합니다. 음악과 예술을 좋아하고 그 분야에 대해 잘 압니다.

Level 5
🎧 A.27_05.mp3

Allow me to describe myself. My name is Stanly Park. I'm originally from Korea. I'm very sociable and amiable. I consider myself to be a problem solver. I solve problems making utmost attempts at finding a compromise to any dispute or issue I am faced with or when others consult my opinion. I enjoy music and the arts and am well versed there in.

제 소개를 하겠습니다. 제 이름은 스탠리 박입니다. 한국 토박이입니다. 저는 굉장히 사교성이 좋고 활발합니다. 저는 제 자신을 해결사라고 생각합니다. 제 문제뿐만 아니라 다른 이들이 저에게 상담을 요청할 때 그 분쟁이나 문제에 있어 가장 좋은 방안을 찾아 해결합니다. 저는 음악과 미술을 좋아해서 그 분야에 대한 깊은 지식을 가지고 있습니다.

KEY EXPRESSION 필요한 문장에 ✓ 하세요.

☐ Allow me to describe myself.
제 소개를 하겠습니다.

☐ I describe myself as outgoing and friendly.
저는 제 자신을 외향적이고 따뜻한 사람이라고 표현하고 싶습니다.

☐ I'm good at solving problems and making compromises.
문제를 해결하는 것과 절충안을 찾는 것을 잘 합니다.

☐ I'm originally from Korea. I'm very sociable and amiable.
저는 한국 토박이입니다. 굉장히 사교성이 좋고 활발합니다.

☐ I like to find solutions to problems.
문제가 있을 때 해결책을 찾는 것을 좋아합니다.

☐ When facing a problem, I do my best to find a compromise.
문제에 직면하면 절충안을 찾기 위해 최선을 다합니다.

☐ I enjoy music and art and know a lot about them.
음악과 예술을 좋아하고 그 분야에 대해 잘 압니다.

☐ I consider myself to be a problem solver.
저는 제 자신을 해결사라고 생각합니다.

앨리's Grammar Tip

I describe myself as + 성격 형용사 : 제 자신을 ~한 사람이라고 표현하고 싶습니다.
- ex) I describe myself as outgoing and friendly. 외향적이고 따뜻한
- ex) I describe myself as active and hardworking. 활발하고 근면한
- ex) I describe myself as enthusiastic and very detailed. 열정적이고 매우 섬세한

be good at + 명사/동명사 : ~을 잘하다. 능숙하다.
- ex) I'm good at solving problems and making compromises.
문제를 해결하고 절충안을 찾는 것을 잘한다.
- ex) I'm good at time management and self-control.
시간 관리를 잘하고 자기 통제력이 좋다.
- ex) I'm good at communication with others.
의사소통을 잘 한다.

앨리's Voca Tip

사람의 성격을 나타내는 어휘

· 외향성 및 내향성을 나타내는 어휘

외향성을 나타내는 어휘	내향성을 나타내는 어휘
· extroverted 외향적인 · gregarious 사교적인 · active 활발한 · enthusiastic 열정적인 · fun to be with 유쾌한 · a good story teller 이야기 꾼 · straightforward 직설적인	· introverted 내향적인 · reserved 내성적인 · meticulous, careful 꼼꼼한 · quiet 조용한 · calm 침착한 · focused 집중력이 강한 · logical 논리적인 · hardworking 근면한 · caring (사람들을) 잘 돌보는 · very detailed 매우 섬세한

· 장점 및 단점을 나타내는 어휘

장점을 나타내는 어휘	단점을 나타내는 어휘

· creative 창의적인
· modest 겸손한
· precise 매사에 정확한
· enthusiastic 열정적인
· curious 호기심 많은
· optimistic 낙천적인
· cautious 조심성이 많은
· focused 집중력이 강한
· sincere 진실한
· trustworthy 신뢰할 만한
· flexible 융통성이 있는
· imaginative 상상력이 풍부한
· have a strong sense of responsibility
  책임감이 강하다
· have a good sense of humor
  유머감각이 좋다
· punctual 시간 엄수가 철저한
· good at communication with others
  의사소통을 잘하는
· good at time management and self control
  시간 관리와 자기 통제력이 좋은
· can make quick and precise decisions
  의사결정이 신속하고 정확하다
	· forgetful 잘 잊어버리는
	· wishy-washy 우유부단한
	· talkative 말이 많은
	· disorganized 정돈을 잘 못하는
	· conservative 보수적인
	· stubborn 고집이 센
	· hardheaded 융통성이 없는
	· distracted 산만한
	· weak-minded 심약한
	· shy 내성적인

🎧 Q.28_01.mp3

02. Describe one of your belongings that you adore.

당신이 아끼는 물건 한 가지를 설명해 주세요.

 Level 3 🎧 A.28_03.mp3

One of my favorite belongings is my sofa. I can sit on it to watch TV or read a book, alone or with someone else. Also, I can lie on it to take a nap after work or other activities.

제가 정말 좋아하는 물건 중 하나는 제 소파입니다. 소파에 혼자 앉거나 다른 사람과 앉아서 텔레비전을 보거나 책을 읽습니다. 또한 퇴근 후에 그 위에 누워서 한숨 자거나 다른 일을 합니다.

Level 4 🎧 A.28_04.mp3

One of my belongings I adore is my sofa. You can sit on it to watch TV or read, by yourself or with another. Also, you can stretch out on it for a snooze after a long day of work or other activities.

제가 정말 좋아하는 제 물건은 소파입니다. 혼자 혹은 다른 사람과 함께 소파에 앉아서 텔레비전을 보거나 독서를 할 수 있습니다. 그리고 퇴근 후에 고단한 몸을 그 위에 맡기고 낮잠을 자거나 다른 것도 할 수 있습니다.

Level 5 🎧 A.28_05.mp3

One belonging I absolutely adore is my sofa. One can sit upon it to watch television or to read a novel, by oneself or shared. Additionally, one can lay oneself across it to rest following a stressful day at the office or other physical activities.

제가 정말 좋아하는 물건은 소파입니다. 혼자 아니면 다른 이와 함께 소파에 앉아서 텔레비전을 보던지 소설을 읽을 수 있습니다. 뿐만 아니라 스트레스를 잔뜩 받는 하루가 지난 후에 그 위에 누워서 쉴 수도 있고 다른 신체 활동도 할 수 있습니다.

KEY EXPRESSION   필요한 문장에 ✓ 하세요.

☐   One of my favorite belongings is my sofa.
    제가 정말 좋아하는 물건 중 하나는 제 소파입니다.

☐   I can sit on it to watch TV or read a book. (주어를 'I'로 할 때)
    소파에 앉아서 텔레비전을 보거나 책을 읽습니다.

☐   I can lie on it to take a nap after work
    그 위에 누워서 한숨 잡니다.

☐   You can sit on it to watch TV or read, by yourself or with another. (주어를 'You'로 할 때)
    혼자 혹은 다른 사람과 함께 소파에 앉아서 텔레비전을 보거나 독서를 할 수 있습니다.

03. Tell me about your neighborhood.

당신이 사는 동네에 대해서 말씀해 주세요.

 Level 3

The neighborhood I live in is called Itaewon. It's in the middle of the city. There are many foreigners living there and you can find foods from around the world.

제가 사는 동네 이름은 이태원입니다. 서울시의 중앙에 있습니다. 많은 외국인들이 살고 있고 세계의 모든 음식을 먹을 수 있습니다.

Level 4

I live in a very central location of the city called Itaewon. Many foreigners live and get together there at the numerous foreign restaurants.

저는 서울 중심에 있는 이태원이라는 곳에 삽니다. 많은 외국인들이 살고 있으며 만나는 장소로 많은 외국 식당이 있습니다.

Level 5

I reside in the city center. In Itaewon, numerous foreigners live and flock to the countless foreign restaurants located there.

저는 서울의 중심지에 살고 있습니다. 이태원에는 많은 외국인들이 살고 있으며 셀 수 없을 정도로 많은 외국 식당이 모여 있습니다.

KEY EXPRESSION 필요한 문장에 ✓ 하세요.

☐ I live in a very central location of the city called ○○○.
저는 서울 중심에 있는 ○○○이라는 곳에 삽니다.

☐ I reside in the city center.
저는 서울의 중심지에 살고 있습니다.

☐ There are many foreigners living there and you can find foods from around the world.
많은 외국인들이 살고 있고 세계의 모든 음식을 먹을 수 있습니다.

앨리's Answer Tip

사는 동네 말하기

동네 이름과 위치 설명
I live in _____. It's in the middle of the city. 도심 중앙에 있다.
I live in _____. It's near the Han River. 한강 근처에 산다
It's very close to ○○ station. ○○역 근처이다.

특징설명 I
There are many foreigners living there. 거기에는 외국인이 많이 산다.
There are many apartment buildings there. 거기에는 아파트가 밀집해 있다.

특징설명 II
You can find foods from around the world. 세계의 모든 음식을 먹을 수 있다.
You can find many nice restaurants and cafes. 많은 레스토랑과 카페가 있다.
You can find a famous traditional Korean market. 유명한 한국 재래시장이 있다.

Q 04. Describe a friend.

친구 한 명을 소개해 주십시오.

A Level 3

One of my friends is very witty. He can make anyone laugh. Sometimes he says bad things but he's so charming, people don't get mad at him.

제 친구 중에 굉장히 재치 있는 친구가 있습니다. 모든 사람을 웃길 수 있습니다. 가끔은 기분 나쁜 소리도 하지만 워낙 매력적이라 사람들이 화를 내지 않습니다.

Level 4

One of my friends is highly witty. He knows how to make anyone laugh. Occasionally, he says inappropriate things but he's so charming, no one gets upset by it.

제 친구 중에 정말로 재미있는 친구가 있습니다. 어떻게 하면 사람들이 웃는지를 압니다. 때로 부적절한 말도 하지만 워낙 매력적이라 아무도 기분 나빠하지 않습니다.

Level 5

Among my friends, one is incredibly witty. He is adept at making anyone laugh. On occasion, he makes inappropriate remarks but he has such charm that no one is offended.

제 친구들 중 재치가 넘치는 친구가 하나 있습니다. 사람들을 웃기는 게 익숙한 친구입니다. 가끔씩 부적절한 표현을 하지만 워낙 매력이 있는 친구라서 아무도 불쾌해 하지는 않습니다.

KEY EXPRESSION 필요한 문장에 ✓ 하세요.

☐ One of my friends is very witty.
제 친구 중에 굉장히 재치 있는 친구가 있습니다.

☐ He can make anyone laugh.
그 친구는 모든 사람을 웃길 수 있습니다.

☐ Sometimes he says bad things but he's so charming, people don't get mad at him.
가끔은 기분 나쁜 소리도 하지만 워낙 매력적이라 사람들이 화를 내지 않습니다.

☐ He knows how to make anyone laugh.
어떻게 하면 사람들을 웃게 만들 수 있는지를 압니다.

☐ Occasionally, he says inappropriate things but he's so charming, no one gets upset by it.
때때로 부적절한 말도 하지만 워낙 매력적이라 아무도 기분 나빠하지 않습니다.

☐ Among my friends, one is incredibly witty.
제 친구들 중에서 재치 넘치는 친구가 하나 있습니다.

앨리's Answer Tip

답변의 균형 잡기

친구의 장점만을 서술하기보다 대답에 균형을 맞출 단점을 더하면 사실적이다. 다만 비판적이거나 비난하는 내용이 아닌 그 친구가 왜 인기가 있는지, 왜 좋아하는지를 덧붙여서 듣는 이가 어색하지 않도록 자연스러운 답변을 만들자.

ex) Sometimes he says bad things but he's so charming, people don't get mad at him.
가끔은 기분 나쁜 소리도 하지만 워낙 매력적이라 사람들이 화를 내지 않습니다.

ex) Sometimes he is too talkative but he's so charming, most people love him so much.
때로는 말이 너무 많지만 워낙 매력적이라 사람들은 그 친구를 굉장히 좋아합니다.

ex) Sometimes he is stubborn but he's so charming, people don't get mad at him.
가끔 고집이 세지만 워낙 매력적이라 사람들은 그 친구에게 화를 내지 않습니다.

🎧 Q.31_01.mp3

 05. How long have you known each other?
그 친구와 알게 된지 얼마나 되었습니까?

 Level 3   🎧 A.31_03.mp3

I've known him / her since high school.
고등학교 때부터 친구입니다.

Level 4   🎧 A.31_04.mp3

I've been friends with him / her for 20 years.
20년째 친구입니다.

Level 5   🎧 A.31_05.mp3

We've known each other since high school. We've known each other for 20 years.
고등학교 때부터 알고 지냈습니다. 20년 되었습니다.

KEY EXPRESSION   필요한 문장에 하세요.

☐   I've known him / her since high school.
고등학교 때부터 친구입니다.

☐   I've been friends with him/her for 20 years.
20년째 친구입니다

☐   We've known each other since high school.
고등학교 때부터 알고 지냈습니다.

앨리's Grammar Tip

How long have you known each other? 서로 알고 지낸 지 얼마나 되었습니까?

How long ~으로 묻는 질문은 거의 100% 기간을 묻는 현재완료 문제이다. 질문을 잘 들어보면 현재완료로 질문한다. 현재완료로 질문이 오면 현재완료시제를 사용해서 답변해야 한다.

현재완료의 계속적 용법 (have + P.P.)과 잘 어울리는 기간 부사구

since high school 고등학교 때 부터
since we met in the U.S. 미국에서 만났던 때 부터
for 20 years 20년 째
for ages 한참 동안

06. What do you usually do with your mobile phone? What function of it do you use most?

주로 핸드폰으로 무엇을 하십니까? 가장 많이 사용하는 기능은 무엇입니까?

Level 3

I use my phone mostly to listen to music. Other things I use it for are texting, searching things online, and checking my email. I used to use Social Network Service more often but I'm getting tired of it.

저는 제 핸드폰으로 음악을 가장 많이 듣습니다. 다른 때에는 문자를 보내거나 인터넷 검색을 하거나 이메일을 확인합니다. 저는 주로 SNS를 했었는데 점점 SNS 사용에 실증을 느낍니다.

Level 4

Mostly, I use my phone to listen to music. Some of the other uses are texting, getting information online, and email. I've got tired of Social Network Service and don't use it as much as before.

대부분 제 핸드폰으로 음악을 듣습니다. 그 외에는 문자를 하거나 인터넷으로 정보를 수집하거나 이메일을 합니다. SNS는 식상해서 예전처럼 많이 쓰지는 않습니다.

Level 5

The main use of my mobile phone is listening to music. Other uses include text messaging, fact-checking online, and receiving and responding to emails. I've grown weary of Social Network Service and seldom use it anymore.

제 핸드폰은 주로 음악 감상에 쓰입니다. 다른 때에는 문자를 보내거나 인터넷 정보 수집, 이메일을 주고받는 일을 합니다. SNS가 지겨워져서 이제 거의 안 합니다.

KEY EXPRESSION 필요한 문장에 ✓ 하세요.

☐   I use my phone mostly to listen to music.
   저는 제 핸드폰으로 음악을 가장 많이 듣습니다.

☐   Other things I use it for are texting, searching things online, and checking my email.
   다른 때에는 문자를 보내거나 인터넷 검색을 하거나 이메일을 확인합니다.

☐   I used to use Social Network Service more often but I'm getting tired of it.
   예전엔 SNS를 자주 했었는데 점점 SNS 사용에 실증을 느낍니다.

☐   I've got tired of Social Network Service and don't use it <u>as much as before</u>.
   SNS는 식상해서 <u>예전처럼 많이 쓰지는</u> 않습니다.

앨리's Grammar Tip

사용하는 핸드폰 기능 설명하기
ex) I use my phone mostly to (동사원형). Other things I use it for are (동명사), (동명사) and (동명사).

핸드폰 기능과 관련 있는 어휘 & 표현

text – texting	search things on line – searching things on line
check my email – checking my email	listen to music – listening to music
use social media – social media	play games – playing games

07. What type of housing do you live in now and how do you feel about it?

현재 거주하고 있는 집의 유형은 무엇이고 그 집에 대해 어떻게 생각하나요?

 Level 3

I live on the top floor of a 2-storey building with a basement. I feel really lucky because I'm the only one who can use the rooftop. In the spring, I will plant some flowers and vegetables.

지상 2층과 지하 1층으로 이루어진 빌딩의 맨 위층에 살고 있습니다. 저 혼자 옥상을 쓸 수 있기 때문에 행운이라고 생각합니다. 봄에는 꽃과 야채를 심을 겁니다.

Level 4

The building I live in has 2 storeys. I live on the top floor and, as luck would have it, I have private access to the rooftop. I plan to grow flowers and vegetables there come spring.

제가 사는 빌딩은 2층 빌딩입니다. 맨 위층에 살고 있는데 운이 좋게도 옥상을 제 전용으로 사용합니다. 봄이 오면 꽃과 야채를 재배할 계획입니다.

Level 5

I currently live atop a 2-storey building. I feel very fortunate to have sole rooftop access. Come spring, I intend to plant flowers and vegetables there.

저는 지금 2층 빌딩의 가장 위층에서 살고 있습니다. 단독으로 옥상을 사용할 수 있어서 아주 운이 좋다고 생각합니다. 봄이 오면 거기에 꽃과 야채를 심을 겁니다.

KEY EXPRESSION 필요한 문장에 하세요.

☐ I live on the top floor of a 2-storey building with a basement.
지상 2층과 지하 1층으로 이루어진 빌딩의 맨 위층에 살고 있습니다.

☐ I feel really lucky because ~
~할 수 있어서 행운이라고 생각합니다.

☐ I feel really lucky because I'm the only one who can use the rooftop.
저 혼자 옥상을 쓸 수 있기 때문에 행운이라고 생각합니다.

☐ In the spring, I will plant some flowers and vegetables
봄에는 꽃과 야채를 심을 겁니다.

☐ I feel very fortunate to have sole rooftop access.
단독으로 옥상을 사용할 수 있어서 아주 운이 좋다고 생각합니다.

☐ I plan to grow flowers and vegetables there come spring.
봄이 오면 꽃과 야채를 재배할 계획입니다.

앨리's Grammar Tip

살고 있는 집 설명하기

집의 형태
I live in a studio apartment. 원룸에 삽니다.
I live in a town house. 연립주택에 삽니다
I live in an apartment near the Han River. 한강 근처에 있는 아파트에 삽니다.
I live on the top floor of a 2-storey building with a basement.
지상 2층과 지하 1층으로 된 건물의 맨 위칭에 살고 있습니다.

집의 모습이나 분위기
My home has a living room and two bedrooms. 저희 집에는 거실과 침실 두 개가 있습니다.
My home is clean and comfortable. 깨끗하고 편안합니다.
My place is not large but cozy and warm. 저희 집은 크지 않지만 아늑하고 따뜻합니다.

그 외 특징
I can use the rooftop. In the spring, I will plant some flowers and vegetables.
저 혼자 옥상을 쓸 수 있기 때문에 행운이라고 생각합니다. 봄에는 꽃과 야채를 심을 겁니다.
My place is not large but cozy and warm. 저희 집은 크지 않지만 아늑하고 따뜻합니다.

MEMO

Chapter 05
Experiences
경험

PART 02 Possible Questions & Answers

챕터소개

경험에 대한 질문들은 SPA시험을 본 10명 중 9명이 받았던 질문이다. 경험 말하기는 과거시제와 현재완료 시제를 자유자재로 사용해야지만 고득점을 받을 수 있다. 또한 when(언제), How(어떻게) 경험 했는지 등의 자세한 설명을 덧붙여 주면 답변이 풍성해 진다.

출제경향

추가질문도 자주 출제된다. 예를 들어, 자동차 충돌 테스트 사진을 묘사하라는 질문 다음으로 'Have you ever been in a car accident?' (자동차 사고를 당한 적이 있는가?)라는 질문이 따라왔다.

답변전략

시제 사용에 유의하자!

Level 4까지는 단순 과거시제를 정확히 사용만 한다면 쉽게 점수를 받을 수 있다. 하지만 Level 5부터는 그 이상을 원한다. 현재완료부터 과거완료시제까지 적절하게 시제를 쓸 수 있어야 하며, 현재완료, 과거완료, 단순과거 등에 어울리는 시간부사(구)(절)의 사용에 유의해야 한다.

설명은 보다 구체적으로!

언제, 어디서, 어떻게 일어난 일인지, 과거의 경험에 대해 보다 구체적으로 서술하면 좋다. 경험 말하기는 스토리 텔링이다.

기출공략 문제

05 Chapter
Experiences 경험

🎧 Q.34_01.mp3

01. How did you spend last Saturday?
지난주 토요일은 어떻게 보냈나요?

 Level 3

🎧 A.34_03.mp3

I spent last Saturday resting and watching movies at home. Later that night I met some friends and had dinner.

지난주 토요일은 집에서 쉬면서 영화를 봤습니다. 그날 밤에는 친구들을 만나 저녁을 먹었습니다.

Level 4

🎧 A.34_04.mp3

I spent last Saturday getting some rest and watched a few films at home. Later in the evening, I met some friends for dinner.

지난주 토요일은 좀 쉬면서 집에서 영화 몇 편을 봤습니다. 그날 저녁에는 저녁 먹으려고 친구들을 만났습니다.

Level 5

🎧 A.34_05.mp3

Last Saturday, I took a rest and watched some films in my home. I then met some friends for dinner in the evening.

지난 토요일에 쉬면서 집에서 영화 몇 편을 봤습니다. 그 다음에 저녁에는 친구들을 만나 저녁을 먹었습니다.

KEY EXPRESSION 필요한 문장에 ✓ 하세요.

☐   I spent last Saturday resting and watching movies at home.
지난주 토요일은 집에서 쉬면서 영화를 봤습니다.

☐   Later that night I met some friends and had dinner.
그날 밤에는 친구들을 만나 저녁을 먹었습니다.

☐   Last Saturday, I took a rest and watched some films in my home.
지난 토요일에 쉬면서 집에서 영화 몇 편을 봤습니다.

☐   Later in the evening, I met some friends for dinner.
그날 저녁에는 저녁 먹으려고 친구들을 만났습니다.

☐   I then met some friends for dinner in the evening.
그 다음에 저녁에는 친구들을 만나 저녁을 먹었습니다.

앨리's Grammar Tip

과거시제로 질문하면 과거시제로 대답한다.
Q : How did you spend~?
A : I spent ~

분사의 유용한 사용 : ~하면서
동시에 하고 있는 어떤 일을 생생하게 전하고 싶을 때 분사를 사용해보자. 이 때 사용하는 분사의 형태는 동사에 **ing**를 붙인다.
I spent last Saturday resting and watching movies at home. 쉬고 영화를 보면서
　　　　　　　　reading some books and taking a nap. 책을 읽고 낮잠을 자면서
　　　　　　　　listening to music and getting some rest. 음악을 듣고 휴식을 취하면서

Part 02 Possible Questions & Answers **097**

🎧 Q.35_01.mp3

02. Did you attend college? How was it?

당신은 대학교를 다녔습니까? 어땠습니까?

Level 3

🎧 A.35_03.mp3

It was one of the best times of my life. I was away from home for the first time and didn't have many rules. I was free to enjoy my free time how I wanted to. I studied hard but I also played hard too.

대학 시절은 제 인생의 가장 좋은 시절 중의 하나입니다. 집에서 멀리 떠나 있던 것이 처음이어서 지켜야 하는 규칙도 많이 없었습니다. 제 자유 시간을 제가 원하는 대로 즐길 자유가 있었습니다. 공부는 열심히 했지만 놀기도 열심히 했습니다.

Level 4

🎧 A.35_04.mp3

It was possibly one of the greatest periods of my life, so far. I was away from my family and wasn't responsible for anyone but myself. I studied hard but enjoyed my free time like never before.

제 인생에서 대학 시절은 가장 좋은 시절이었습니다. 가족들과 떨어져서 다른 이들 말고 온전히 나에 대한 책임만 졌습니다. 공부는 열심히 했지만 전에 없이 제 자유 시간을 즐겼습니다.

Level 5

🎧 A.35_05.mp3

Attending college was, to date, one of the most memorable eras of my early adulthood. I was self-reliant, free of restraint, and made good use of my spare time on weekends.

지금까지 대학생 시절은 제 청년 시절에 가장 기억에 남는 기간입니다. 저는 독립적이었고 구속도 없었고 주말에 여가를 아주 유용하게 썼습니다.

KEY EXPRESSION   필요한 문장에 ✔ 하세요.

☐   It was one of the best times of my life.
대학 시절은 제 인생의 가장 좋은 시절 중의 하나입니다.

☐   I was away from home for the first time and didn't have many rules.
집에서 멀리 떠나 있던 것이 처음이어서 지켜야 하는 규칙도 많이 없었습니다.

☐   I was free to enjoy my free time how I wanted to. I studied hard but I also played.
제 자유 시간을 제가 원하는 대로 즐길 자유가 있었습니다. 공부는 열심히 했지만 놀기도 열심히 했습니다.

☐   I was away from my family and wasn't responsible for anyone but myself.
가족들과 떨어져서 다른 이들 말고 온전히 나에 대한 책임만 졌습니다.

☐   I studied hard but enjoyed my free time like never before.
공부는 열심히 했지만 전에 없이 제 자유 시간을 즐겼습니다.

☐   I was self-reliant, free of restraint, and made good use of my spare time on weekends.
저는 독립적이었고 구속도 없었고 주말에 여가를 아주 유용하게 썼습니다.

 03. What is the most memorable moment in your life?

당신의 인생에서 가장 기억에 남는 순간은 언제입니까?

 Level 3

A.36_03.mp3

The moment I remember best is when I broke my leg. Everybody was so kind and helpful to me. Even some girls I liked were friendlier! All of my friends signed the cast. I still have it.

가장 많이 기억에 남는 순간은 제 다리가 부러졌을 때입니다. 모두가 아주 친절했고 많은 도움을 주었습니다. 제가 관심이 있었던 여자아이들까지 친절했습니다! 깁스에 제 친구 모두가 사인을 했습니다. 그것을 아직도 갖고 있습니다.

Level 4

A.36_04.mp3

My most memorable moment was when I broke my leg. Everyone was very kind and most helpful. Also, some of the girls I liked were more attentive. All of my friends signed the cast. I've kept it.

제가 가장 많이 기억하는 순간은 제 다리가 부러졌을 때입니다. 모두 아주 친절했고 무엇보다도 큰 도움을 주었습니다. 또한, 제가 관심이 있었던 여자아이들도 더 신경을 써 주었습니다. 깁스에 제 친구 모두가 사인을 했습니다. 그것을 아직도 간직하고 있습니다.

Level 5

A.36_05.mp3

The moment most memorable to me is of the time my leg was broken. All of the people around me grew kinder and more helpful. Some of the girls I was attracted to also became more amicable. All of my closest companions signed the cast. I still possess it.

제게 가장 기억이 남는 때는 제 다리가 부러졌을 때입니다. 제 주변의 모든 사람들이 더욱 친절해 졌고 많은 도움이 되었습니다. 제 마음을 훔쳐 갔던 여자아이들도 더욱 친절하게 대해 주었습니다. 저의 친한 친구들 모두가 깁스에 사인을 했습니다. 그것은 아직도 소장하고 있습니다.

KEY EXPRESSION   필요한 문장에 ✓ 하세요.

☐ The moment I remember best is when I broke my leg.
   가장 많이 기억에 남는 순간은 제 다리가 부러졌을 때입니다.

☐ Everybody was so kind and helpful to me.
   모두가 아주 친절했고 많은 도움을 주었습니다.

☐ All of the people around me grew kinder and more helpful.
   제 주변의 모든 사람들이 더욱 친절해졌고 많은 도움이 되었습니다.

☐ Some of the girls I was attracted to also became more amicable.
   제 마음을 훔쳐 갔던 여자아이들도 더욱 친절하게 대해주었습니다.

☐ All of my friends signed the cast. I still have it.
   깁스에 제 친구 모두가 사인을 했습니다. 그걸 아직도 갖고 있습니다.

☐ The moment most memorable to me is of the time my leg was broken.
   제게 가장 기억이 남는 때는 제 다리가 부러졌을 때입니다.

☐ All of my closest companions signed the cast. I still possess it.
   저의 친한 친구들 모두가 깁스에 사인을 했습니다. 그것은 아직도 소장하고 있습니다.

앨리's Pattern Tip

답변 문장에 여러 시제가 함께 사용된 것에 유의한다.

The moment I remember best is when (주어+과거동사). 기억에 남는 최고의 순간은 ~입니다.
= It was when 주어 + 과거동사

The moment I remember worst is when (주어+과거동사). 기억에 남는 최악의 순간은 ~입니다.
= It was when 주어+과거동사

Part 02 Possible Questions & Answers **101**

04. What is your most memorable experience at the beach?

바닷가에서 가장 기억나는 경험은 무엇입니까?

 Level 3

When I just finished high school, me and a few friends went to the beach. It was a weekday so there weren't many people there. A stranger came with a portable CD player and was playing some of my favorite music. The way the sun set and the music faded was almost perfect.

고등학교를 마치자마자 저와 친구들 몇 명이서 함께 바닷가에 갔습니다. 평일이었기 때문에 사람이 많이 없었습니다. 한 낯선 사람이 휴대용 CD 플레이어를 가지고 와서 제가 좋아하는 노래 몇 곡을 틀었습니다. 해가 지는 모습과 음악이 끝나는 것이 거의 완벽했습니다.

Level 4

Not long after finishing high school, a few friends and I went to the beach. There weren't a lot of people there because it was a workday. Another person came to the beach with a portable stereo and played music from one of my all-time favorite groups. The timing of the sunset and fading music was magical.

고등학교를 마치고 얼마 안 돼서 친구 몇 명과 함께 바닷가에 갔습니다. 평일이었기 때문에 사람들이 별로 없었습니다. 한 사람이 휴대용 라디오를 들고 와서 제가 정말로 좋아하는 그룹의 노래를 틀었습니다. 해 질 녘의 시간과 음악 소리가 점점 작아지는 어우르는 모습이 마법과도 같았습니다.

Level 5

Shortly after finishing high-school, a small group of us journeyed to the beach. The beach was practically empty as it was a weekday. Soon after, another individual visited the beach with a portable stereo and, as luck would have it, he played music from one of my long-time favorite groups. The way the music and sunset changed together was nothing short of magical.

고등학교를 졸업하고 얼마 안 되어서 친구들 몇 명과 함께 바다로 여행을 갔습니다. 평일이어서 바닷가는 사실상 비어있었습니다. 저희가 도착하고 얼마 후에 한 사람이 휴대용 라디오를 들고 바닷가에 왔는데 운 좋게도 제가 오래 전부터 좋아하는 그룹의 음악을 틀었습니다. 음악 소리와 함께 해가 지는 것이 마법과도 같이 잘 어우러졌습니다.

KEY EXPRESSION 필요한 문장에 ✓ 하세요.

☐ When I just finished high school, me and a few friends went to the beach.
고등학교를 마치자마자 저와 친구들 몇 명이서 함께 바닷가에 갔습니다.

☐ shortly after finishing high-school
고등학교를 졸업하고 얼마 안 되어서

☐ It was a weekday so there weren't many people there.
평일이었기 때문에 사람이 많이 없었습니다.

☐ Another person came to the beach with a <u>portable stereo</u> and played music from one of my <u>all-time favorite</u> groups.
한 사람이 <u>휴대용 라디오</u>를 들고 와서 제가 <u>정말로 좋아하는</u> 그룹의 노래를 틀었습니다.

☐ The way the sun set and the music faded was almost perfect.
해가 지는 모습과 음악 소리가 줄어드는 것이 거의 완벽했습니다.

☐ The timing of the sunset and fading music was magical.
해 질 녘의 시간과 음악 소리가 점점 사라지는 모습이 마법과도 같았습니다.

05. Have you ever traveled abroad?

해외여행을 해본 적이 있습니까?

 Level 3

Yes, I have. I've been to Thailand, the Philippine's, Cambodia, Japan, Canada, and the U.S.

네. 있습니다. 태국과 필리핀, 캄보디아, 일본, 캐나다, 미국에 가 봤습니다.

Level 4

Yes, I have. I've travelled to Thailand, the Philippine's, Cambodia, Japan, Canada, and the U.S.

네. 있습니다. 태국과 필리핀, 캄보디아, 일본, 캐나다, 미국을 여행했습니다.

Level 5

Certainly. Countries I've visited include Thailand, the Philippine's, Cambodia, Japan, Canada, and the U.S.

물론입니다. 제가 방문한 나라는 태국, 필리핀, 캄보디아, 일본, 캐나다, 미국입니다.

KEY EXPRESSION 필요한 문장에 ✓ 하세요.

☐ Yes, I have. I've been to Thailand.

네 있습니다. 태국에 가 봤습니다.

☐ Yes, I have. I've travelled to Thailand, the Philippine's, Cambodia, Japan, Canada, and the U.S.

네. 있습니다. 태국과 필리핀, 캄보디아, 일본, 캐나다, 미국을 여행했습니다.

☐ Certainly. Countries I've visited include ~

물론입니다. 제가 방문한 나라는 ~입니다.

Q 06. Have you ever been in a car accident?

자동차 사고를 당한 적이 있습니까?

A Level 3

No. I've never been in a car accident. (No. I haven't) (No. I never.)

아니요. 자동차 사고가 난 적이 없습니다. (아니요, 그런 적이 없습니다.) (아니요, 한번도요.)

Level 4

No. Luckily, I've never been in a car accident.

아니요. 운 좋게 한번도 자동차 사고를 당한 적이 없습니다.

Level 5

No. Fortunately, not. I've never experienced a car accident.

아니요. 다행히도 없습니다. 한 번도 자동차 사고를 경험해 본 적 없습니다.

KEY EXPRESSION 필요한 문장에 ✔ 하세요.

☐ No. I've never been in a car accident.
아니요. 자동차 사고가 난 적이 없습니다.

☐ No. Luckily, I've never been in a car accident.
아니요. 운 좋게 한번도 자동차 사고를 당한 적이 없습니다.

☐ No. Fortunately, not. I've never experienced a car accident.
아니요. 다행히도 없습니다. 한번도 자동차 사고를 경험해 본 적 없습니다.

앨리's Grammar Tip

현재완료 경험시제로 묻는 질문의 답변 → 현재완료로 대답한다.

Yes, I have. / No I haven't.
Certainly.
Yes, I've done it.
Yes, I've thought about it.
No. I've never been in a car accident.
No. I never.

07. Have you ever thought of adopting?

입양에 대해서 생각해본 적이 있으십니까?

 Level 3

Yes. I have thought about adopting. So many kids have no family or sometimes have very bad parents. But before I have any kids, I need to get married. Then I would talk about it with my wife.

네, 입양을 생각해본 적이 있습니다. 너무 많은 아이들이 가족이 없거나 혹은 아주 나쁜 부모 밑에 있습니다. 하지만 아이를 갖기 전에 결혼부터 해야 합니다. 그리고 나서 제 아내와 상의해 보겠습니다.

Level 4

Yes, I have thought about adopting a child. Many children have no parents and some have very awful parents. But, before I think about adopting, I should get married first. I would then discuss it with my spouse.

네, 아이를 입양하는 것을 생각해 보았습니다. 많은 아이들이 부모가 없거나 아주 나쁜 부모 밑에 있습니다. 하지만 입양을 생각하기 전에 먼저 결혼을 해야 합니다. 그리고 나서 배우자와 상의하겠습니다.

Level 5

Yes. Adoption has come to mind. Unfortunately, innumerable children lack families and many more suffer unfit parents. However, one should be married before seriously considering adoption. Then I would consult with my significant other.

네, 입양에 대한 생각이 있습니다. 불행히도 수많은 아이들이 가족이 없거나 더 많은 아이들이 부적절한 부모 밑에서 자랍니다. 하지만 제가 입양을 심각하게 고려하기 전에 먼저 해야 할 것은 결혼입니다. 그 후에 저의 중요한 반쪽과 함께 상의할 수 있을 것입니다.

KEY EXPRESSION 필요한 문장에 ✔ 하세요.

☐ Yes, I have thought about adopting a child.
  네, 아이를 입양하는 것을 생각해 보았습니다.

☐ But before I have any kids, I need to get married. Then I would talk about it with my wife.
  하지만 아이를 갖기 전에 결혼부터 해야 합니다. 그러고 나서 제 아내와 상의해 보겠습니다.

☐ But, before I think about adopting, I should get married first. I would then discuss it with my spouse.
  하지만 입양을 생각하기 전에 먼저 결혼을 해야 합니다. 그 후에 배우자와 상의하겠습니다.

☐ Yes. Adoption has come to mind.
  네, 입양에 대한 생각이 있습니다.

☐ Unfortunately, innumerable children lack families and many more suffer unfit parents.
  불행히도 수많은 아이들이 가족이 없거나 더 많은 아이들이 부적절한 부모 밑에서 자랍니다.

앨리's Grammar Tip

조동사의 적절한 사용

I should get married first. I would then discuss it with my spouse.
저는 먼저 결혼을 해야 합니다. 그러고 나서 배우자와 상의하겠습니다

should : must나 have to보다 강제성이 약하지만 '~해야 한다'라는 느낌을 내포한 충고 조동사 should는 자신의 의견을 피력할 때 자주 쓰인다.

would : 어떠한 가정된 상황을 말할 때는 '~할 것이다'의 조동사 would를 쓰는 게 좋다.

08. Have you ever had a pet?

애완동물을 키운 적이 있습니까?

Level 3

I have had many pets in my life. Mostly cats and dogs but I've also had fish, hamsters, birds and even a salamander one time. Cats and dogs are more work to take care of than the others but more fun and loving also.

살면서 애완동물을 키운 적이 많이 있습니다. 주로 고양이와 강아지였지만 물고기와 햄스터, 새 그리고 한번은 도롱뇽을 키운 적이 있습니다. 고양이와 강아지는 다른 동물에 비해 돌보기 위해서 더 많은 일을 해야 하지만 훨씬 재미있고 사랑스럽습니다.

Level 4

Throughout my life, I've had many pets. They were mostly cats and dogs but once in a while I had other types of pets as well. I've had fish, hamsters, birds (budgies), and at one point, even a salamander. It takes more responsibility to take care of cats and dogs but they're much more interesting and very loving animals.

제 평생 동안 많은 애완동물을 키워 보았습니다. 대부분은 고양이와 개였지만 가끔씩 다른 종류도 키웠습니다. 물고기와 햄스터, 새(작은 앵무새)도 키웠고 한번은 도롱뇽까지 키웠습니다. 고양이와 개들은 돌보기에 훨씬 많은 책임이 따르지만 훨씬 더 재미있고 사랑스러운 동물들입니다.

Level 5

Over the years I've raised several types of pets, primarily cats and dogs. From time to time I tried raising other animals such as fish, hamsters, budgies, and on one occasion, a salamander. Although cats and dogs are a greater responsibility, they're also more interesting and more affectionate.

수년간 많은 종류의 애완동물을 길렀는데 주로 고양이와 개였습니다. 가끔씩 물고기나 햄스터, 앵무새 같은 다른 종류도 키웠는데 한번은 도롱뇽을 키웠습니다. 고양이와 개를 키우기 위해서는 더 많은 책임이 필요하지만 훨씬 재미있고 사랑스럽습니다.

KEY EXPRESSION   필요한 문장에 ✓ 하세요.

☐   I have had many pets in my life.
　　　살면서 애완동물을 키운 적이 많이 있습니다.

☐   Mostly cats and dogs but I've also had fish, hamsters, birds and even a <u>salamander</u> one time.
　　　주로 고양이와 강아지였지만 물고기와 햄스터, 새 그리고 한번은 도롱뇽을 키운 적이 있습니다.

☐   Cats and dogs are more work to take care of than the others.
　　　고양이와 강아지는 다른 동물에 비해 손이 더 많이 갑니다.

☐   <u>Throughout my life</u>, I've had many pets.
　　　제 평생 동안 많은 애완동물을 키웠습니다.

☐   They were mostly cats and dogs but <u>once in a while</u> I had other types of pets as well.
　　　대부분은 고양이와 개였지만 <u>가끔씩</u> 다른 종류도 키웠습니다.

☐   It takes more responsibility to take care of cats and dogs but they're much more interesting and very loving animals.
　　　고양이와 개들은 돌보기에 많은 책임이 따르지만 훨씬 더 재미있고 사랑스러운 동물들입니다.

☐   Over the years I've raised several types of pets, <u>primarily</u> cats and dogs.
　　　수년간 많은 종류의 애완동물을 길렀는데 <u>주로</u> 고양이와 개였습니다

 09. What's the biggest lie you've ever told?

당신이 한 가장 큰 거짓말은 무엇입니까?

 Level 3　　　　　　　　　　　　　　　　　　　　　A.42_03.mp3

The biggest lie I ever told was to an ex-girlfriend. She was angry about something I did and I said I was sorry and wouldn't do it again. I had no idea what I did wrong!

제가 했던 가장 큰 거짓말은 전 여자친구에게 한 것입니다. 여자친구가 제가 한 어떤 일로 인해서 화가 났고 전 다시는 그러지 않겠다고 말했습니다. 사실 저는 제가 무엇을 잘못했는지 전혀 몰랐습니다!

Level 4　　　　　　　　　　　　　　　　　　　　　A.42_04.mp3

I once told an ex-girlfriend that I was sorry for making her angry and that I would never do it again despite the fact that I had no idea what I had done to upset her.

한번은 전 여자친구에게 화나게 만들어서 미안하다고 다시는 그러지 않겠다고 했습니다. 저의 어떤 행동이 그녀를 화나게 했는지 전혀 몰랐음에도 말입니다.

Level 5　　　　　　　　　　　　　　　　　　　　　A.42_05.mp3

In order to get out of inconvenient situations, sometimes more than a white lie is required. Case in point, telling a former girlfriend I regretted my actions and would do everything in my power to prevent its recurrence in spite of my complete ignorance to what my infraction was.

불편한 상황에서 벗어나기 위해 가끔은 선한 거짓말보다도 더한 것이 요구될 때도 있습니다. 적절한 예로, 제가 전 여자친구에게 제 행동을 후회하고 할 수 있는 모든 것을 해서 다시는 같은 일이 일어나지 않게 하겠다고 말했지만 저는 제 잘못이 무엇인지 무시한 상태였습니다.

KEY EXPRESSION 필요한 문장에 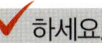 하세요.

- ☐ The biggest lie I ever told was to an ex-girlfriend.
  제가 했던 가장 큰 거짓말은 제 전 여자친구에게 한 것입니다.

- ☐ She was angry about something I did.
  여자친구가 제가 한 어떤 일로 화가 났었는데

- ☐ I said I was sorry and wouldn't do it again.
  전 제가 잘못했으며 다시는 그러지 않겠다고 말했습니다.

- ☐ I had no idea what I did wrong!
  사실 저는 제가 무엇을 잘못했는지 전혀 몰랐습니다!

- ☐ I once told an ex-girlfriend that I was sorry for making her angry and that I would never do it again.
  한번은 전 여자친구에게 화나게 만들어서 미안하다고 다시는 그러지 않겠다고 했습니다.

- ☐ Despite the fact that I had no idea what I had done to upset her.
  사실상 저의 어떤 행동이 그녀를 화나게 했는지 몰랐음에도 불구하고 말입니다.

- ☐ in order to get out of inconvenient situations
  불편한 상황에서 벗어나기 위해

- ☐ Sometimes more than a white lie is required.
  가끔은 선한 거짓말보다도 더한 것이 요구될 때도 있습니다.

Opinion Questions

Unit 02
의견말하기

PART 02 Possible Questions & Answers

Chapter 06
Ideas and Thoughts 단순 의견말하기

Chapter 07
If questions 상황가정

Chapter 08
Or questions 선택해서 말하기

Chapter 09
Information 정보에 대한 의견말하기

Chapter 06
Ideas and Thoughts
단순 의견말하기

PART 02 Possible Questions & Answers

챕터소개

자신의 생각, 즉 의견을 말하는 문제들은 SPA 시험에서 가장 어렵게 느껴지는 챕터 중 하나이다. 생각을 말하는 것은 간단하지만 논리적으로 타당한 근거를 뒷받침하는 것이 쉽지 않기 때문이다. 면접관은 응시자의 답변이 적절하지 못하다라고 생각되거나 의문점이 있을 경우, 보다 자세하게 혹은 날카로운 질문을 할 수 있다. 이때, 응시자가 당황하여 대답을 잘 못하는 경우가 생기는데 이런 상황에 대비하여 면접관이 물어볼 수 있는 질문들을 미리 예상해 보는 것이 좋다. 또한 논리적으로 설명하기 애매하거나 어려운 의견보다는 근거가 명확한 의견을 내세우는 것이 점수 획득에는 더 유익하다.

출제경향

의견 말하기 관련 문제에서는 교육이나 기술(테크놀로지)와 관련된 기출이 많았다. 특히 'Do you think your country has an effective education system?' (당신의 나라는 효과적인 교육 시스템을 갖추고 있다고 생각합니까?)와 같은 문제가 여러 번 출제 되었다. 해법(solution)을 묻는 질문도 있었다. 창의적이면서도 현실적으로 실천 가능한 답변을 생각하는 것이 중요하다.

답변전략

답변에 대한 확신이 필요하다!

표정과 어투도 언어의 일부이다. 대답에 대한 확신을 가지고 이야기 할 필요가 있다. 만일 추가질문이나 반박에 가까운 질문이 나온다 하더라도 위축되지 말고 자신의 의견을 확고하게 밝히는 것이 좋다.

관련 어휘는 미리 준비하자!

의견 말하기에 있어 문장 첫머리를 끌어가는 어휘들은 미리 익혀두자. 예를 들어, 'I think~', 'I believe ~', 'I found that ~', 'In my opinion ~', 'I figure that ~' 등의 어휘를 적절하게 사용한다면 어휘력 부분에서 더 좋은 점수를 받을 수 있다.

기출공략 문제

Chapter 06
Ideas and Thoughts 단순 의견말하기

🎧 Q.43_01.mp3

Q 01. What is your opinion on the hierarchical structure within companies in Korea?

한국회사 내의 위계질서에 대한 당신의 의견은 무엇입니까?

A Level 3
🎧 A.43_03.mp3

I think it was very useful and effective in the beginning. But nowadays, companies need to give titles according to skill and talent, not just according to age. Just because someone is younger, doesn't mean he or she is less able.

처음에는 굉장히 실용적이고 효과적이었다고 생각합니다. 하지만 요즘은 회사에서 직함을 능력과 기술에 따라 주어야지 나이에 따라 주는 것은 잘못되었다고 생각합니다. 젊다는 것이 곧 능력이 부족하다는 것을 의미하지는 않습니다.

Level 4
🎧 A.43_04.mp3

I think a hierarchical structure was effective in the beginning because it reflected traditional Korean values. However, today, it stifles creativity, upward mobility, and ignores talent. Positions and titles in a company should be awarded according to talent and creativity, not solely according to age and seniority.

제 생각에 위계질서는 한국의 전통적 가치를 반영하였기 때문에 초반에는 효과적이었다고 생각합니다. 하지만 오늘날에 이는 창의성과 승진을 억압하고, 재능을 무시하게 되었습니다. 회사의 직위와 직함은 사람의 능력과 창의성에 따라 주어야지 나이와 서열에 따라 주어져서는 안 됩니다.

Level 5
🎧 A.43_05.mp3

Strict hierarchical structure had its place in previous generations reflecting Korea's traditional values. In this day and age, with greater and regular exposure to a multitude of cultures, it only curbs creativity, suppresses upward mobility, and neglects talent. Corporate positions and titles must be granted in accordance with ability? as in a meritocracy? with age and seniority seeing other benefits.

엄격한 위계질서는 한국의 전통적 가치를 반영하는 이전 세대에서 자리를 잡았습니다. 그러나 오늘날 이 세대가 다양한 문화에 지속적으로 노출이 많아지면서 이는 창의성을 억압하고 승진을 제한하고, 재능을 무시하는 것이 되었습니다. 회사 내의 직위와 직함은 실력주의 사회처럼 반드시 능력에 따라 주어져야 하고 나이와 서열은 다른 혜택을 주어야 합니다.

KEY EXPRESSION 필요한 문장에 ✓ 하세요.

☐ What is your opinion on ~?
~에 대한 의견은 무엇인가요?

☐ I think it was very useful and effective in the beginning.
처음에는 굉장히 실용적이고 효과적이었다고 생각합니다.

☐ But nowadays, companies need to give titles according to skill and talent, not just according to age.
하지만 요즘은 회사에서 직함을 능력과 기술에 따라 주어야지 나이에 따라 주는 것은 아니라고 봅니다.

☐ <u>Just because</u> someone is younger, that doesn't mean he or she is less able.
누군가가 젊다는 <u>이유만으로</u> 능력이 부족하다는 것은 아닙니다.

☐ I think a hierarchical structure was effective in the beginning because it reflected traditional Korean values.
제 생각에 위계질서는 한국의 전통적 가치를 반영하였기 때문에 초반에는 효과적이었다고 생각합니다.

☐ Positions and titles in a company should be awarded according to talent and creativity.
회사의 직위와 직함은 사람의 능력과 창의성에 따라 주어야 합니다.

☐ <u>In this day and age</u>, with greater and regular exposure to a <u>multitude of cultures</u>, it only <u>curbs</u> creativity, <u>suppresses</u> upward mobility, and <u>neglects</u> talent.
그러나 오늘날 이 세대가 다양한 문화에 지속적으로 노출이 많아지면서 이는 창의성을 <u>억압하고</u> 승진을 <u>제한하고</u>, 재능을 <u>무시하는</u> 것이 되었습니다.

02. What is your opinion on gambling?

도박에 대한 당신의 의견은 무엇입니까?

Level 3

In many ways, life is a gamble. But playing games to win money seems like a fools game. I'd rather take my chances on career and relationships.

많은 방면에서 인생은 도박입니다. 하지만 돈을 벌기 위해 게임을 하는 것은 어리석은 것 같습니다. 저는 차라리 직장과 관계 속에서 기회를 찾겠습니다.

Level 4

Life can be a gamble. Why play games and risk losing your money when we can wager on our career and relationships?

인생은 도박이 될 수 있습니다. 우리가 직장과 관계에 모든 것을 걸 수 있는데 왜 게임을 해서 돈을 잃습니까?

Level 5

We gamble everyday in the game called life. Risking your fortune on games isn't worth it for me. Career and relationships are my throw of the dice.

우리는 인생이라고 불리는 게임에서 매일 도박을 하고 있습니다. 게임에 투자하는 위험을 감수하는 것은 저에게는 별로 가치가 없습니다. 저는 직장과 관계에 제 모든 것을 걸었습니다.

KEY EXPRESSION   필요한 문장에 ✔ 하세요.

☐   In many ways, life is a gamble.
    많은 방면에서 인생은 도박입니다.

☐   But playing games to win money seems like a fools game.
    하지만 돈을 벌기 위해 게임을 하는 것은 어리석은 것 같습니다.

☐   I'd rather take my chances on career and relationships.
    저는 차라리 직장과 관계 속에서 기회를 찾겠습니다.

☐   Risking your fortune on games isn't worth it for me.
    게임에 투자하는 위험을 감수하는 것은 저에게는 별로 가치가 없습니다.

☐   Career and relationships are my throw of the dice.
    저는 직장과 관계에 제 모든 것을 걸었습니다.

 03. These days, people can view most TV programs over the Internet. What do you think about this? Are you in favor or against it?
= Do you think the Internet will replace TV in the end?

오늘날, 대부분의 TV 프로그램을 인터넷으로도 시청할 수 있습니다. 이에 대해 어떻게 생각하십니까? 이것에 찬성합니까? 반대합니까?
= 결국에는 인터넷이 텔레비전을 대신할 것이라 생각하십니까?

 Level 3

I'm for it. There are so many shows that aren't shown on TV that I can watch on the net. Also, advertisements don't interrupt the show like on TV. And, I can choose when and where to watch them.

저는 찬성합니다. TV에서 방영하지 않는 많은 쇼 프로그램을 인터넷으로 볼 수 있습니다. 또한, 텔레비전처럼 광고가 중간에 나와 방해하지도 않습니다. 그리고 어디서 언제 볼 것인지 제가 선택할 수 있습니다.

Level 4

I think it's a good thing. It's the future of television. For one thing, I can get shows that wouldn't be broadcast on TV otherwise. Not to mention watching when and where I like without getting interrupted by ads.

저는 좋다고 생각합니다. 텔레비전의 미래입니다. 한가지 확실한 것은 TV에서 방영되지 않는 쇼를 볼 수 있다는 것입니다. 제가 보고 싶은 시간과 장소에서 보면서 광고의 방해를 받지 않는 것도 언급을 안 할 수 없습니다.

Level 5

I think it's fine. It seems to be the direction that broadcasting is going anyway. For myself, I'm able to access programs that otherwise wouldn't be broadcast locally. An added benefit is the lack of interruption by advertisements.

저는 괜찮다고 생각합니다. 방송이 앞으로 나아갈 방향인 것 같습니다. 제 경우에는, 이 지역에서 방영되지 않을 프로그램을 볼 수 있습니다. 또 다른 장점은 광고에 방해를 안 받는 것입니다.

KEY EXPRESSION   필요한 문장에 ✓ 하세요.

☐ I'm for it.
　　저는 찬성합니다.

☐ I think it's a good thing. It's the future of television.
　　저는 좋은 것이라고 생각합니다. 텔레비전의 미래입니다.

☐ For one thing, I can get shows that wouldn't be broadcast on TV otherwise.
　　한가지 확실한 것은 TV에서 방영되지 않는 쇼를 볼 수 있다는 것입니다.

☐ For myself, I'm able to access programs that otherwise wouldn't be broadcast locally.
　　제 경우에는, 이 지역에서 방영되지 않을 프로그램을 볼 수 있습니다.

☐ And, I can choose when and where to watch them.
　　그리고 어디서 언제 볼 것인지 제가 선택할 수 있습니다.

☐ An added benefit is the lack of interruption by advertisements.
　　또 다른 장점은 광고로 인해 방해를 받지 않는 것입니다.

앨리's Grammar Tip

찬성과 반대 표현하기

저는 찬성입니다.
I'm for it. 저는 찬성입니다.
I'm against it. 저는 반대입니다.

좀 더 완곡하게 표현하고 싶다면
I think it's fine. 저는 괜찮다고 생각합니다.
I think it's bad. 저는 나쁘다고 생각합니다.
I think it's a good thing. 저는 이게 좋은 것이라고 생각합니다.
I think it's a bad thing 저는 이게 나쁜 것이라고 생각합니다.

 04. Do you think computers help society?

컴퓨터가 사회에 도움이 된다고 생각하십니까?

 **Level 3**   A.46_03.mp3

Yes, I think they do. Computers save paper. And by saving paper, we can save a lot of trees. Not only that, but also desk and shelf space is freed up.

네, 그렇다고 생각합니다. 컴퓨터는 종이를 절약하게 합니다. 그리고 종이를 아낌으로 많은 나무를 살릴 수 있습니다. 뿐만 아니라 책상과 선반 공간에 여유가 생깁니다.

Level 4   A.46_04.mp3

Yes, I figure they do. Using computers helps save paper. By saving paper, we use fewer trees and create less waste. In another sense, we can free up desk and shelf space in our office or homes.

네, 그렇게 생각합니다. 컴퓨터 사용은 종이를 절약하게 합니다. 종이를 아껴서 적은 수의 나무를 사용하게 되고 낭비도 줄입니다. 또한, 직장이나 집안의 책상과 선반에 여유 공간이 생깁니다.

Level 5   A.46_05.mp3

Yes, I expect they do. Computer use reduces paper use. Fewer trees are lost and less waste is created. Additionally, clutter in the home and office is lessened.

네, 그렇게 예상합니다. 컴퓨터 사용은 곧 종이 사용량을 줄입니다. 보다 적은 나무들이 훼손되고 낭비도 줄게 됩니다. 또한, 집과 직장에서 어수선한 물건들이 줄어듭니다.

KEY EXPRESSION   필요한 문장에 ✓ 하세요.

☐   Yes, I think they do.
    네, 그렇다고 생각합니다.

☐   Yes, I figure they do.
    네, 그렇게 생각합니다.

☐   Yes, I expect they do.
    네, 그렇다고 예상합니다.

☐   Using computers helps save paper.
    컴퓨터사용은 종이를 절약하게 합니다.

☐   By saving paper, we can save a lot of trees.
    종이를 아낌으로 많은 나무를 살릴 수 있습니다.

☐   Additionally, clutter in the home and office is lessened.
    또한, 집과 직장에서 어수선한 물건들이 줄어듭니다.

Q 05. Do you think computers are bad for health?

컴퓨터가 건강에 나쁘다고 생각하십니까?

A Level 3

I think it depends on how we use them. Sitting anywhere for too long is really bad for our health. We should get up often and do stretches or even exercises during breaks. How we sit can also be good or bad. We should learn good posture and change our position as often as possible. Good blood flow also helps us think more clearly. And, if you're not using the mouse for a minute or even just a few seconds, let your arm hang at your side to let the blood return to your hands. All in all, it's up to us to take care of our health.

저는 컴퓨터를 어떻게 사용하느냐에 따라 달라진다고 생각합니다. 한 곳에 오래 앉아 있는 것은 건강에 나쁩니다. 우리는 자주 일어나서 스트레칭을 하거나 쉬는 시간 동안에 운동을 해야 합니다. 앉는 방법도 좋거나 나쁠 수 있습니다. 좋은 자세를 배워야 하고 될 수 있는 한 자주 자세를 바꿔야 합니다. 원활한 혈액 순환도 우리가 좀더 생각을 또렷하게 하도록 도와줍니다. 마우스를 사용하지 않는 몇 분 혹은 몇 초간만이라도 팔을 옆에 내려놓고 손까지 혈액 순환 되도록 해 보세요. 우리의 건강을 돌보는 것은 오로지 우리에게 달려 있습니다.

Level 4

It all depends on how we use computers. Staying seated for long periods anywhere can cause problems. Taking frequent breaks and getting up to do stretches or exercises is a good habit to develop. The position we sit in can also be good or bad. With good posture and changing our position frequently, we can increase blood flow, which also improves our brain functions. Also, when not using the mouse, allow your arm to drop to your side to allow blood to flow back to your hands, even if only for a few seconds. It's entirely our own duty to maintain our health.

우리가 컴퓨터를 어떻게 사용하느냐에 따라 달려있습니다. 어디든지 오랜 시간 동안 계속해서 앉아 있는 것은 문제를 일으킵니다. 자주 휴식을 취하거나 일어나서 스트레칭 혹은 운동을 하는 것은 좋은 습관을 만드는 것입니다. 앉는 자세도 좋거나 나쁠 수 있습니다. 좋은 자세를 취하고 앉아 있는 자세를 자주 바꾸면 혈액 순환이 좋아져 뇌의 기능 역시 개선됩니다. 또한, 마우스를 사용하지 않을 때에는 단 몇 초라도 좋으니 팔을 옆으로 편하게 내려놓아 혈액이 손까지 순환되게 하십시오. 건강을 지키는 것은 온전히 우리 몫입니다.

Level 5

Computers' effect on our health is determined by our use. Remaining in a seated position for extended periods can be detrimental to our health regardless of location, be it at the office or at home. Developing the habit of regularly breaking to do stretches and exercises will help to improve circulation in addition to increasing mental capacity. Furthermore, allowing your arm to relax at your side when not using the mouse or keyboard provides greater circulation to your extremities, even if no more than a few seconds. Maintaining our health is our own responsibility.

컴퓨터가 우리 건강에 끼치는 영향은 사용법에 따라 결정됩니다. 앉은 자세로 오랜 시간 동안 계속 있는 것은 회사에서든 집에서든 장소에 관계없이 우리의 건강에 해롭습니다. 규칙적으로 휴식을 취해서 스트레칭이나 운동을 하는 습관을 기르는 것은 혈액 순환을 높일 뿐만 아니라 지적 능력도 상승시킵니다. 또한, 마우스나 키보드를 사용하지 않을 때 몇 초라도 좋으니 팔을 옆으로 편하게 내려놓는 것은 사지의 혈액 순환에 좋습니다. 우리의 건강을 유지하는 것은 우리 개인의 책임입니다.

KEY EXPRESSION   필요한 문장에 ✓ 하세요.

☐ I think it depends on how we use them.
어떻게 사용하느냐에 따라 달라진다고 생각합니다.

☐ Sitting anywhere for too long is really bad for our health.
한 곳에 오래 앉아 있는 것은 건강에 나쁩니다.

☐ We should get up often and do stretches or even exercises during breaks.
우리는 자주 일어나서 스트레칭을 하거나 쉬는 시간 동안에 운동을 해야 합니다.

☐ How we sit in can also be good or bad.
앉는 방법도 좋거나 나쁠 수 있습니다.

☐ We should learn good posture and change our position as often as possible.
좋은 자세를 배워야 하고 될 수 있는 한 자주 자세를 바꿔야 합니다.

☐ Good blood flow also helps us think more clearly.
원할한 혈액순환은 우리가 좀더 생각을 또렷하게 하도록 도와줍니다.

☐ And, if you're not using the mouse for a minute or even just a few seconds, let you arm hang at your side to let the blood return to your hands.
마우스를 사용하지 않는 몇 분 혹은 몇 초간만이라도 팔을 옆에 내려놓고 손까지 혈액순환 되도록 해 보세요.

☐ All in all, it's up to us to take care of our health.
우리의 건강을 돌보는 것은 오로지 우리에게 달려 있습니다.

☐ Computers' effect on our health is determined by our use.
컴퓨터가 우리 건강에 끼치는 영향은 사용법에 따라 결정됩니다.

Q 06. **Do you have anyone around you who is addicted to anything? Do you have any good ideas about preventing or treating addictions?**

주변에 어떤 것에 중독된 사람이 있습니까? 중독 예방이나 치료에 대한 좋은 아이디어가 있습니까?

A Level 3

I think everyone is addicted to something. Many people I know smoke, and drink too much alcohol. Junk food is also an addiction many people I know have. I often challenge my friends to go one week without some type of instant food or convenient store snack.

저는 모든 사람이 무언가에 중독되어 있다고 생각합니다. 제가 아는 많은 사람들이 담배를 피우고 술을 많이 마십니다. 또한 많은 지인들이 군것질에 중독되어 있기도 합니다. 저는 자주 친구들에게 한 주 동안 일정 종류의 인스턴트 식품이나 편의점 간식을 끊어보라고 권합니다.

Level 4

I think, to some level, everyone is addicted to something or other. Many of the people I keep company with drink too much or too often, or both and smoke. But even more common is junk food. I challenge my friends to endure one week without some kind of instant food or snack. They usually fail.

저는 일정 수준까지는 모든 사람들이 어떤 물건이나 다른 무언가에 중독되어 있다고 생각합니다. 제 주변에 있는 사람들 중에 너무 많이, 혹은 너무 자주 술을 마시거나 담배를 피우거나 또는 둘 다 하는 사람이 많이 있습니다. 하지만 더 흔한 중독은 군것질입니다. 저는 친구들에게 한 주 동안 일정 종류의 인스턴트 식품이나 간식을 참는 도전을 해 보라고 합니다. 그러나 거의 실패합니다.

Level 5

I would say, to some degree, that a vast majority is addicted to one thing or another. A good number of people I associate with smoke and frequently imbibe. However, a more widespread addiction is to junk food. I challenge all whom I know to forgo any kind of instant food or processed snack for a minimum of one week. They fall short every time.

저는 특정 단계까지는 아주 많은 대부분의 사람들이 한 물건이나 다른 것에 중독되어 있다고 말하고 싶습니다. 제가 어울리는 사람들 중 꽤 많은 숫자가 자주 술을 마십니다. 하지만, 더 광범위하게 중독되어 있는 것은 군것질입니다. 저는 지인들에게 최소 일주일 정도 모든 종류의 인스턴트 식품이나 가공식품을 멀리하는 도전을 해 보라고 권합니다. 하지만 거의 매번 실패합니다.

KEY EXPRESSION 필요한 문장에 ✔ 하세요.

☐ I think everyone is addicted to something.
저는 모든 사람이 무언가에 중독되어 있다고 생각합니다.

☐ I think, to some level, everyone is addicted to something or other.
저는 일정 수준까지는 모든 사람들이 어떤 물건이나 다른 무언가에 중독되어 있다고 생각합니다.

☐ Many people I know smoke, and drink too much alcohol.
제가 아는 많은 사람들이 담배를 피우고 술을 많이 마십니다.

☐ Many of the people I keep company with drink too much or too often, or both and smoke.
제 주변에 있는 사람들 중에 너무 많이, 혹은 너무 자주 술을 마시거나 담배를 피우거나 아니면 둘 다 하는 사람이 많이 있습니다.

☐ Junk food is also an addiction many people I know have.
또한 많은 지인들이 군것질에 중독되어 있기도 합니다.

☐ I often challenge my friends to go one week without some type of instant food or convenient store snack.
저는 자주 친구들에게 한 주 동안 일정 종류의 인스턴트식품이나 편의점 간식을 끊어보라고 권합니다.

☐ They usually fail.
거의 실패합니다.

앨리's Answer Tip

부정적 이슈에 대한 질문을 받았을 때 해결전략

이슈의 보편성
I think, to some level, everyone is addicted to something or other.
일정 수준까지는 모든 사람들이 어떤 물건이나 다른 무언가에 중독되어 있다고 생각합니다.

이슈의 사실성
Many of the people I keep company with drink too much or too often, or both and smoke. But even more common is junk food.
제 교제권에 있는 사람들 중에 너무 많이, 혹은 너무 자주 술을 마시거나 담배를 피우거나 아니면 둘 다 하는 사람이 많이 있습니다. 하지만 더 흔한 중독은 군것질입니다.

이슈의 해결책
I challenge my friends to endure one week without some kind of instant food.
저는 친구들에게 한 주 동안 일정 종류의 인스턴트식품을 참아보라고 합니다.

🎧 Q.49_01.mp3

 07. Why do you think automotive design is important?

자동차 디자인이 왜 중요하다고 생각하십니까?

 Level 3

🎧 A.49_03.mp3

Automotive design is important for many reasons. The obvious reason is to be able to compete in the market. Car buyers are looking for efficient and cost effective cars that look good, too. Humans like beauty. If we can make a car 'beautiful', the customer will be more satisfied. If a customer is satisfied, they will buy from you again.

자동차 디자인은 여러 이유에서 중요합니다. 확실한 이유는 시장에서 경쟁하기 위함입니다. 자동차 구매자들은 능률적이고 비용 효율이 높으면서도 보기에도 좋은 차를 찾습니다. 인간은 아름다움을 추구합니다. 만약 우리가 차를 '아름답게' 만들 수 있다면 고객이 더욱 만족할 것입니다. 고객이 만족하면 다시 한번 차를 살 것입니다.

Level 4

🎧 A.49_04.mp3

There are various reasons automotive design is important. One of the most obvious reasons is the ability to stay competitive. Consumers are looking for efficiency and cost-effectiveness and something that is pleasing to the eye. Humans feel satisfaction when they own something beautiful. If they're satisfied, they're more likely to become a repeat customer.

자동차 디자인이 중요한 데는 여러 이유가 있습니다. 가장 중요한 이유 중에 하나는 경쟁력을 갖추기 위함입니다. 소비자들은 능률적이고 비용 효율이 높으면서도 눈을 기쁘게 하는 것을 찾습니다. 인간은 무언가 아름다운 것을 소유할 때 만족합니다. 만약 그들이 만족한다면 재 구매 고객이 될 것입니다.

Level 5

🎧 A.49_05.mp3

Among a multitude of factors for the importance of design, the capacity to remain competitive ranks highly. Automotive consumers looking to make a new purchase seek fuel efficiency, cost-effectiveness while being esthetically pleasing. Humans admire beauty. Ownership of something beautiful can be satisfying. A satisfied customer is a return customer.

디자인의 중요성에 대한 수많은 요인 중에 시장 경쟁력을 갖추는 것은 아주 중요합니다. 자동차 소비자들은 연비와 비용 효율성이 높은 새 제품을 찾으면서 반면에 미적으로도 만족할 만한 것을 찾습니다. 인간은 아름다움을 추구합니다. 아름다운 물품의 소유권은 사람을 만족시킵니다. 만족한 고객은 다시 한번 찾아올 것입니다.

KEY EXPRESSION   필요한 문장에 ✓ 하세요.

☐ Automotive design is important for many reasons.
자동차 디자인은 여러 이유에서 중요합니다.

☐ One of the most obvious reasons is the ability to stay competitive.
가장 중요한 이유 중에 하나는 경쟁력을 갖추기 위함입니다.

☐ Car buyers are looking for efficient and cost-effective cars that look good, too.
자동차 구매자들은 능률적이고 비용 효율적이면서 보기에도 좋은 차를 찾습니다.

☐ Humans feel satisfaction when they own something beautiful.
인간은 무언가 아름다운 것을 소유할 때 만족합니다.

☐ If we can make a car 'beautiful', the customer will be more satisfied.
만약 우리가 차를 '아름답게' 만들 수 있다면 고객이 더욱 만족할 것입니다.

☐ If a customer is satisfied, they will buy from you again.
고객이 만족하면 다시 한번 차를 살 것입니다.

☐ If they're satisfied, they're more likely to become a repeat customer.
만약 그들이 만족한다면 재 구매 고객이 될 것입니다.

☐ Ownership of something beautiful can be satisfying. A satisfied customer is a return customer.
아름다운 물품의 소유권은 사람을 만족시킵니다. 만족한 고객은 다시 한번 찾아올 것입니다.

앨리's Answer Tip

중요한 이유 설명하기

- OOO은 여러 이유에서 중요합니다.
  _____ is important for many reasons. = There are many reasons _____ is important.
- 세가지 이유에서 중요하다.
  _____ is important for 3 reasons. = There are 3 reasons _____ is important.
- 가장 중요한 이유 하나 들어 서술해도 되고, 첫째 둘째 셋째 이렇게 조목조목 설명해도 된다.
  First, second, Finally
- 고득점을 위해 가장 중요한 이유 하나를 들어서 자세히 설명할 수 있다.
  The obvious reason is ~ 가장 명백한 이유는

🎧 Q.50_01.mp3

 08. **Many Korean students of all ages are stressed due to overwhelming pressure from school. What is your opinion of such an education system in Korea?**

모든 연령대의 많은 한국 학생들이 학교에서 과도한 스트레스를 받습니다. 한국의 교육체계에 대한 당신의 의견은 무엇입니까?

 Level 3 🎧 A.50_03.mp3

I think playtime is important for people of all ages, even adults. It seems that time for fun has been shortened too much for kids today. But I think what adds to the stress are all the distractions young people have these days. Pop culture influences kids too strongly. A lot of kids think it's cool to be stupid.

저는 어른을 포함한 모든 세대에 쉬는 시간이 필요하다고 생각합니다. 오늘의 어린아이들에게 재미를 위한 시간이 너무 줄어버렸습니다. 하지만 오늘날의 젊은이들이 집중을 못하는 것이 스트레스에 더 증가된다고 생각합니다. 대중문화가 아이들에게 너무 강한 영향을 줍니다. 많은 아이들이 바보가 되는 것이 멋지다고 생각합니다.

Level 4 🎧 A.50_04.mp3

Playtime is essential, even for adults. It appears that leisure time is much less for kids now a days. However, it seems to me that it would be less stressful if they didn't believe that watching TV or playing video games was so special or important. Pop-culture can be a major distraction and bad influence on youth. A good number of kids figure it's cool to be a fool.

쉬는 시간은 심지어 어른에게도 반드시 필요합니다. 오늘날의 아이들에게 여가가 너무 부족한 것으로 보입니다. 그렇지만 저는 아이들이 TV 시청이나 비디오 게임이 아주 특별하거나 중요하다고 생각하지 않는다면 훨씬 스트레스를 덜 받을 것이라 생각합니다. 대중문화는 산만하게 하는 주요 요소가 될 수 있고 청소년기에 악영향을 줄 수 있습니다. 아주 많은 숫자의 아이들이 바보가 되는 것이 멋있다고 생각합니다.

Level 5 🎧 A.50_05.mp3

All ages require some sort of amusement, especially kids. Unfortunately, I get the impression that children have much less time too enjoy themselves in this day and age. And yet, the added factor of pop culture influencing youth into thinking that every moment should be playtime causes undue stress. TV and video games dumb us down and distract from what we should be doing. The phrase 'Too cool for school' comes to mind.

모든 세대, 특히 아이들은 어떤 형태든지 오락을 필요로 합니다. 불행히도 저는 이 세대의 아이들이 즐거운 시간을 훨씬 적게 가진다는 느낌을 받습니다. 하지만, 대중문화의 영향으로 인해 매 순간이 쉬는 시간이 되어야 한다고 청소년들이 생각하게 된 것은 그들로 하여금 더 많은 스트레스를 유발합니다. TV 및 비디오 게임은 우리를 멍청하게 만들어 우리가 해야 할 것에 집중하지 못하게 만듭니다. '학교에 가기엔 너무 멋져'라는 말이 머리에 떠오릅니다.

KEY EXPRESSION — 필요한 문장에 ✓ 하세요.

☐ Many Korean students of all ages are stressed due to overwhelming pressure from school.
모든 연령대의 많은 한국 학생들이 학교에서 과도한 스트레스를 받습니다.

☐ I think playtime is important for people of all ages, even adults.
저는 어른을 포함한 모든 세대에 쉬는 시간이 필요하다고 생각합니다.

☐ It seems that time for fun has been shortened too much for kids today.
오늘의 어린아이들에게 재미를 위한 시간이 너무 줄어버렸습니다.

☐ However, it seems to me that it would be less stressful if they didn't believe that watching TV or playing video games was so special or important.
그렇지만 저는 아이들이 TV 시청이나 비디오 게임이 아주 특별하거나 중요하다고 생각하지 않는다면 훨씬 스트레스를 덜 받을 것이라 생각합니다.

☐ Pop-culture can be a major distraction and bad influence on youth. A good number of kids figure it's cool to be a fool.
대중문화는 산만하게 하는 주요 요소가 될 수 있고 청소년기에 악영향을 줄 수 있습니다. 아주 많은 숫자의 아이들이 바보가 되는 것이 멋있다고 생각합니다.

☐ Pop culture influences kids too strongly.
대중문화가 아이들에게 너무 강한 영향력을 줍니다.

Chapter 07
If Questions
상황가정

PART 02. Possible Questions & Answers

챕터소개

상황가정이란, 만약 당신이 이런 경우라면 어떻게 할 것인가에 대한 질문을 말한다. 그렇기 때문에 응시자의 생각에 따라 내용은 천차만별이므로 정해져 있는 답은 없다. 다만 자신의 생각을 풀어나감에 있어 가정법 및 시제에 맞게 표현해야 하므로 어법(문법)에 맞도록 대답하는 것이 중요하다.

출제경향

지금까지 SPA 시험에서는 다양한 상황가정 문제가 출제되었다. 특히, 단순 의견 말하기 관련 답변에 이어 해결 방안을 묻는 상황가정 문제가 자주 등장한다. 상사나 직장 동료와의 관계에서의 문제점을 해결하기 위한 방안을 묻기도 하고, 회사의 대표라면 어떻게 회사를 이끌고 갈 것인지, 또는 어떤 상사가 될 것인지에 대한 질문도 있었다.

답변전략

가정법 사용!

If가 생략된 문장이라 하더라도 가정법은 가정법이다. would와 같은 조동사의 사용이나, 까다로운 가정법 예문들을 미리 접해서 편하게 사용할 수 있도록 훈련해 두어야 한다.

어려운 질문에는 쉬운 답변으로!

상황가정의 질문 자체가 어렵게 느껴진다. 해결책을 묻거나 어떻게 대처할 것인지를 묻는 질문이 많기 때문이다. 질문이 어렵다면 답변은 단순하고도 명확한 것이 해결책이다. 대답에 자신이 없다면 어떤 행동 혹은 어떤 말을 할 것이며 그 이유는 무엇인지 최대한 단순하고 쉽게 서술하는 것이 고득점 획득에 좋다.

기출공략 문제

Chapter 07
If Questions 상황가정

🎧 Q.51_01.mp3

Q 01. If you have any friction or conflict with your boss, what would you do?

만약 당신의 상사와 어떤 갈등이나 마찰을 겪는다면 어떻게 하겠습니까?

A Level 3

🎧 A.51_03.mp3

When I have a conflict with my boss, I think hard about if I'm right or wrong. If I think I'm right, then I need to think about how to say it.

만약 상사와 갈등을 겪게 된다면 제가 맞는지 틀린 지를 고심해 보겠습니다. 제가 옳다고 판단되면 어떻게 말해야 할지도 고민해야 할 것입니다.

Level 4

🎧 A.51_04.mp3

When I feel friction with my boss, I think long and hard about whether I'm right or wrong. If I feel I'm in the right, then I should think about how I should explain myself.

상사와의 마찰이 느껴진다면, 제가 맞는지 틀린 지를 오랫동안 고심해 보겠습니다. 만약 제가 옳다고 느낀다면 저는 저의 입장을 어떻게 표명할지 고민할 것입니다.

Level 5

🎧 A.51_05.mp3

When I feel I'm in conflict with my boss, I consider carefully whether I'm right or whether I'm wrong. If I believe myself to be in the right, I choose my words carefully in order to explain myself.

상사와 갈등을 겪고 있다고 느낀다면 내 주장이 옳은지 아니면 틀린 지를 아주 신중하게 고민할 것입니다. 그리고 제 의견이 맞는다는 확신이 든다면 아주 조심스러운 말로 제 입장을 설명할 것입니다.

KEY EXPRESSION   필요한 문장에 ✔ 하세요.

☐   When I have a conflict with my boss, I think hard about if I'm right or wrong.
만약 상사와 갈등을 겪게 된다면 제가 맞는지 틀린 지를 고심해 보겠습니다.

☐   If I think I'm right, then I need to think about how to say it.
제가 옳다고 판단되면 어떻게 말해야 할지 고민해야 할 것입니다.

☐   When I feel friction with my boss,
상사와의 마찰이 느껴진다면,

☐   If I feel I'm in the right, then I should think about how I should explain myself.
만약 제가 옳다고 느낀다면 저는 저의 입장을 어떻게 표명할지 고민할 것입니다.

☐   When I feel I'm in conflict with my boss, I consider carefully whether I'm right or whether I'm wrong.
상사와 갈등을 겪고 있다고 느낀다면 내 주장이 옳은지 아니면 틀린 지를 아주 신중하게 고민할 것입니다.

☐   If I believe myself to be in the right, I choose my words carefully in order to explain myself.
제 의견이 맞는다는 확신이 든다면 아주 조심스러운 말로 제 입장을 설명할 것입니다.

Q 02. If you have any conflict with your boss, how will you go about resolving it?

상사와 갈등을 겪는다면 어떻게 해결하겠습니까?

A Level 3

First I would double-check my facts to be sure that I'm right or wrong. If I'm right, I would type up the information in a clear and easy-to-read way. I would arrange a private meeting with my boss and explain that I only want what's best for the company and hope he/she understands my point of view. If I'm wrong, then I would type up a formal letter of apology and give it in person.

우선 제가 맞는지 틀렸는지를 확실히 하기 위해 제 의견에 대한 사실을 재확인하겠습니다. 만일 제가 맞다면 그 정보를 깔끔하고 읽기 쉽게 문서로 작성하겠습니다. 그리고 제 상사와 개인적인 면담을 준비해서 저는 회사를 위해 최선을 다한다는 것을 설명하며 상사가 제 입장을 이해해 주기를 바랄 것입니다. 만약 제가 틀렸다면 정식으로 사과문을 작성하여 직접 전달할 것입니다.

Level 4

First of all, I would take the time to redo some fact checking. If I still feel I am in the right, I would type out the facts in a straightforward way. In a private meeting, I would then explain my good intentions for the company and hope that he/she will see it my way. If it turns out that I'm wrong, I would submit a formal apology and hand it in personally.

우선은 시간을 들여서 사실 확인을 다시 할 것입니다. 여전히 제가 맞다고 느끼면 솔직하게 그 사실을 문서로 작성할 것입니다. 그리고는 개인 면담에서 회사를 향한 저의 선한 의도를 설명하고 그/그녀가 제 입장에서 봐주길 바랄 것입니다. 만약에 제가 틀렸다는 것을 알게 되면 정식으로 사과문을 작성하여 개인적으로 전달할 것입니다.

Level 5

I would first take it upon myself to do further research regarding the contested issue. Should I believe myself to be unmistaken, I would then present my case clearly and concisely to convey that my intentions are for the benefit of the company. In such case as I am in the wrong, a plea for reconciliation would be submitted physically.

우선 문제가 되었던 그 사안을 개인적으로 가져다가 더 많은 조사를 할 것입니다. 제가 실수하지 않았다는 생각이 들면 정확하고 간결하게 제 입장은 회사의 이익을 위한 것이라고 대변하겠습니다. 만일 제가 틀린 경우에는 화해를 구하는 서문을 작성해서 직접 전달하겠습니다.

KEY EXPRESSION 필요한 문장에 ✓ 하세요.

☐ First I would double-check my facts to be sure that I'm right or wrong.
우선 제가 맞는지 틀렸는지를 확실히 하기 위해 제 의견에 대한 사실을 재확인하겠습니다.

☐ If I'm right, I would type up the information in a clear and easy-to-read way.
만일 제가 맞다면 그 정보를 깔끔하고 읽기 쉽게 문서를 작성하겠습니다.

☐ I would arrange a private meeting with my boss and explain that ~
그리고 제 상사와 개인적인 면담을 준비해서 ~라는 것을 설명할 것입니다.

☐ If I'm wrong, then I would type up a formal letter of apology and give it in person.
만약 제가 틀렸다면 정식으로 사과문을 작성하여 직접 전달할 것입니다.

☐ First of all, I would take the time to redo some fact checking.
우선은 시간을 들여서 사실 확인을 다시 할 것입니다.

☐ If I still feel I am in the right, I would type out the facts in a straightforward way.
여전히 제가 맞다고 느끼면 솔직하게 그 사실을 문서로 작성할 것입니다.

☐ I would then explain my good intentions for the company and hope that he/she will see it my way.
개인 면담에서 회사를 향한 저의 선한 의도를 설명하고 그/그녀가 제 입장에서 봐주길 바랄 것입니다.

☐ If it turns out that I'm wrong, I would submit a formal apology and hand it in personally.
만약에 제가 틀렸다는 것을 알게 되면 정식으로 사과문을 작성하여 개인적으로 전달할 것입니다.

Q.53_01.mp3

03. If you had some problems with your boss or co-worker, how would you solve them?

당신의 상사나 직장 동료와 무슨 문제가 생긴다면 어떻게 해결하겠습니까?

Level 3
 A.53_03.mp3

First, I would ask for advice from a friend or family member, someone who isn't part of the company. Then, I would talk to the person privately about it.

우선, 친구나 가족, 혹은 같은 직장에 속해 있지 않은 사람에게 가서 조언을 구하겠습니다. 그다음에는 그 문제에 대해 당사자와 개인적으로 이야기하겠습니다.

Level 4
A.53_04.mp3

The first measure to take would be to seek advice from a family member or close friend outside the company. After getting, hopefully, good advice, I would speak to the person in private.

우선은 가족이나 다른 직장의 친한 친구에게 조언을 구하는 것입니다. 적절한 조언을 얻었다면 당사자와 개인적으로 이야기하겠습니다.

Level 5
A.53_05.mp3

My first course of action would be to consult family or friends unassociated with the company. Once I'm satisfied with how to proceed, I would take the person aside to discuss the issue in confidence. The first measure to take would be to seek advice

제 첫 행동방침은 가족이나 회사와 상관이 없는 친구와 상의하는 것입니다. 어떻게 해야 할지 적절한 답이 구해지면 당사자를 따로 불러 조심스럽게 그 문제에 대해 대화하겠습니다. 우선적으로 취할 것은 조언을 구하는 것일 겁니다.

KEY EXPRESSION 필요한 문장에 ✓ 하세요.

☐ First, I would ask for advice from a friend or family member, someone who isn't part of the company.
우선, 친구나 가족, 혹은 같은 직장에 속해있지 않은 사람에게 가서 조언을 구하겠습니다.

☐ Then, I would talk to the person privately about it.
그 다음에는 그 문제에 대해 당사자와 개인적으로 이야기하겠습니다.

☐ The first measure to take would be to seek advice.
우선 취할 것은 조언을 구하겠습니다.

☐ After getting, hopefully, good advice, I would speak with the person in private.
바라는 대로 적절한 조언을 받았다면 당사자와 개인적으로 이야기하겠습니다.

☐ My first course of action would be to consult family or friends unassociated with the company.
제 첫 행동방침은 가족이나 회사와 상관이 없는 친구와 상의하는 것입니다.

☐ Once I'm satisfied with how to proceed, I would take the person aside to discuss the issue in confidence.
어떻게 해야 할지 적절한 답이 구해지면 당사자를 따로 불러 조심스럽게 그 문제에 대해 대화하겠습니다.

04. What advice would you give to a new employee in your company?

당신 회사에 들어온 신입사원에게 어떤 조언을 하겠습니까?

Level 3

I would suggest to a new employee to ask as many questions as he can. And, learn as much as possible as quickly as possible about the position and the company.

신입사원에게 될 수 있는 한 많은 질문을 하라고 조언할 것입니다. 그리고 자신의 위치와 회사에 대해서 가능한 빨리 가능한 많은 것들을 배우라고 말할 것입니다.

Level 4

I would recommend asking many questions and learning as much as possible in the shortest amount of time possible related to the position he or she holds and the company itself.

질문을 많이 하는 것과 자기가 속한 위치와 회사에 대해 단시간에 최대한 많은 것을 배우기를 권하고 싶습니다.

Level 5

I would advise any new employee to make as many inquiries as possible in order to educate themselves thoroughly as soon as possible in relation to his or her position held.

신입사원에게 질문을 많이 하라고 추천하고 싶고 자기가 속한 위치와 회사에 대해 가능한 빨리 철저하게 많은 것을 배우라고 말하고 싶습니다.

KEY EXPRESSION 필요한 문장에 ✔ 하세요.

☐ **I would suggest to** (동사)
~ 하라고 조언할 것입니다.

☐ **I would recommend to** (동사)
~하라고 권할 것입니다.

☐ **I would advise to** (동사)
~하라고 조언할 것입니다.

☐ I would suggest to a new employee to ask as many questions as he can.
신입사원에게 될 수 있는 한 많은 질문을 하라고 조언할 것입니다.

☐ I would suggest to learn as much <u>as possible as quickly as possible</u> about the position and the company.
그리고 자신의 위치와 회사에 대해서 <u>가능한 빨리 가능한 많은</u> 것들을 배우라고 말할 것입니다.

☐ I would recommend asking many question and learning as much as possible in the shortest amount of time possible.
질문을 많이 하는 것과 단시간에 최대한 많은 것을 배우기를 권하고 싶습니다.

☐ related to the <u>position he or she holds</u> and the company itself.
<u>자기가 속한 위치</u>와 회사에 대해

Q 05. If you could move to any foreign country, which country would you choose?

외국으로 이주한다면 어느 나라를 선택하겠습니까?

A Level 3

A.55_03.mp3

I would move to somewhere like southern Spain or Greece. The culture there is much more relaxed and easy-going. Also, I think I've had enough freezing winters for one lifetime. Both of those areas are warm and with lots of sun for most of the year.

저는 스페인 남부나 그리스 같은 곳으로 이주하고 싶습니다. 그곳의 문화가 훨씬 더 여유롭고 느긋합니다. 또한, 저는 인생에서 추운 겨울은 충분히 보냈다고 생각합니다. 저 두 나라는 모두 따뜻하고 일 년의 대부분이 화창합니다.

Level 4

A.55_04.mp3

I would choose southern Spain or Greece to move to. The culture is much calmer and laid-back. Not to mention the weather. I've just about had it with freezing cold winters. Those two southern areas are mild in the winter with plenty of sunshine during most of the year.

저는 스페인 남부나 그리스로 이주하도록 선택하겠습니다. 그곳 문화는 훨씬 차분하고 느긋합니다. 날씨는 말할 것도 없고요. 아주 추운 겨울은 이미 충분히 겪었습니다. 저 두 남부지역은 겨울도 온화하고 일 년의 대부분이 아주 화창합니다.

Level 5

A.55_05.mp3

I would have to choose somewhere like southern Spain or Greece. Compared to living here, the pace of the culture is far more tranquil and lax. Furthermore, I'm growing weary of winter weather. Those two regions are quite mild during the winter and are abundantly sunny.

저는 스페인 남부나 그리스 같은 곳을 선택하겠습니다. 여기에 사는 것과 비교해서 그곳의 문화의 속도는 고요하고 느슨합니다. 이뿐만 아니라, 저는 겨울 날씨에 점점 지쳐가고 있습니다. 저 두 지역은 겨울도 꽤 온화하고 아주 화창합니다.

KEY EXPRESSION 필요한 문장에 ✔ 하세요.

☐ I would move to somewhere like southern Spain or Greece.
저는 스페인 남부나 그리스 같은 곳으로 이주하고 싶습니다.

☐ The culture there is much more relaxed and easy-going.
그곳의 문화가 훨씬 더 여유롭고 느긋합니다.

☐ Also, I think I've had enough freezing winters for one lifetime.
또한, 저는 인생에서 추운 겨울은 충분히 보냈다고 생각합니다.

☐ Both of those areas are warm and with lots of sun for most of the year.
저 두 나라는 모두 따뜻하고 일 년의 대부분이 화창합니다.

☐ The culture is much calmer and laid-back. Not to mention the weather.
그곳 문화는 훨씬 차분하고 느긋합니다. 날씨는 말할 것도 없고요.

☐ I would have to choose somewhere like southern Spain or Greece. Compared to living here, the pace of the culture is far more tranquil and lax.
저는 스페인 남부나 그리스 같은 곳을 선택하겠습니다. 여기에 사는 것과 비교해서 그곳의 문화의 속도는 고요하고 느슨합니다.

06. If you were to move to a foreign country, what would you definitely take with you?

해외로 이주해야 한다면 무엇을 꼭 가져가겠습니까?

Level 3

There are too many things to choose from but I would definitely take some family pictures with me. Friends may come and go but family is forever.

선택해야 할 물품이 너무 많지만 가족사진 몇 장은 꼭 가져가겠습니다. 친구는 있다가도 없을 수 있지만 가족은 영원합니다.

Level 4

I think there are many obvious choices but if I must choose, finally I would make sure to have family pictures. Other things may change but we start and end with family.

너무나 많은 중요한 선택들이 있겠지만 제가 반드시 골라야 한다면 가족사진은 확실히 챙겨가고 싶습니다. 다른 것들은 변할 수 있지만 우리의 시작과 끝은 가족과 함께입니다.

Level 5

Of all the possibilities, I'd be sure to take family photographs. When all is said and done, family is the one thing that remains constant.

수많은 가능성들이 있지만 저는 가족사진은 꼭 챙기겠습니다. 이러니저러니 해도 결국에 계속해서 남는 한 가지는 가족입니다.

KEY EXPRESSION 필요한 문장에 ✔ 하세요.

☐ There are too many things to choose from but I would definitely take (명사)
선택해야 할 물품이 너무 많지만 ○○은 꼭 가져가겠습니다.

☐ There are too many things to choose from but I would definitely take some family pictures with me.
선택해야 할 물품이 너무 많지만 가족사진 몇 장은 꼭 가져가겠습니다.

☐ Friends may come and go but family is forever.
친구는 있다가도 없을 수 있지만 가족은 영원합니다.

☐ I would make sure to have family pictures.
가족사진은 확실히 챙겨가고 싶습니다.

☐ Other things may change but we start and end with family.
다른 것들은 변할 수 있지만 우리의 시작과 끝은 가족과 함께입니다.

☐ Of all the possibilities, I'd be sure to take family photographs.
수많은 가능성들이 있지만 저는 가족사진은 꼭 챙기겠습니다.

☐ When all is said and done, family is the one thing that remains constant.
이러니저러니 해도 결국에 계속해서 남는 한 가지는 가족입니다.

 07. What would be your ideal vacation?

당신에게 가장 이상적인 휴가는 무엇입니까?

 Level 3

There are many countries I'd like to visit but the best vacation for me would be relaxing at home working on some hobbies. It's been years since I've been able to do the things I want.

여행하고 싶은 나라가 아주 많지만 저에게 있어 최고의 휴가는 취미 활동을 하면서 집에서 쉬는 것입니다. 하고 싶은 일을 할 수 있던 것이 벌써 수년 전 일입니다.

Level 4

Although there are several countries I've always wanted to see, the ideal vacation, for me, is taking it easy at home and tinkering around with my pet projects. It's been ages since I could take pleasure in my own pastime.

제가 언제나 여행하고 싶었던 나라가 여러 곳이 있지만 저에게 이상적인 휴가는 집에서 편하게 쉬며 제가 진짜 좋아하는 활동을 조금씩 하는 것입니다. 여가 활동을 통해 즐거운 시간을 보낸 지 너무 오래되었습니다.

Level 5

Rather than globetrotting, my ideal vacation would be to follow my personal interests here at home. It seems like a lifetime since I could indulge myself.

제 이상적인 휴가는 세계 여행보다는 집에서 개인 취미 생활을 하는 것입니다. 취미 생활을 만끽한 지 너무 오래된 것 같습니다.

KEY EXPRESSION 필요한 문장에 ✔ 하세요.

☐ There are many countries I'd like to visit.
여행하고 싶은 나라가 아주 많습니다.

☐ The best vacation for me would be relaxing at home working on some hobbies.
저에게 있어 최고의 휴가는 취미 활동을 하면서 집에서 쉬는 것입니다.

☐ The ideal vacation, for me, is taking it easy at home.
저에게 이상적인 휴가는 집에서 편하게 쉬는 것입니다.

☐ tinkering around with my pet projects
진짜 좋아하는 활동을 조금씩 하는 것

☐ It's been years.
너무 오래 되었습니다.

☐ It's been ages since I could take pleasure in my own pastime.
여가 활동을 통해 즐거운 시간을 보낸 지 너무 오래되었습니다.

☐ My ideal vacation would be to follow my personal interests here at home.
저의 이상적인 휴가는 집에서 개인 취미 생활을 하는 것입니다.

☐ It seems like a lifetime since I could indulge myself.
취미생활을 만끽한 지 너무 오래된 것 같습니다.

Chapter 08
Or Questions
선택해서 말하기

PART 02. Possible Questions & Answers

챕터소개

두 가지 상황을 듣고 하나를 선택해서 이유나 근거를 뒷받침하는 문제가 기본형이다. 일부 문제는 Chapter 7의 상황가정과 비슷하다. 이번 챕터에서도 질문을 잘 들어야지만 답변을 할 수 있다. 가정법으로 묻는지, 아니면 단순하게 하나를 선택하고 왜 그런지 의견을 제시하면 되는지 질문을 주의해서 들어야 한다. 또한 왜 그것을 선택했는지, 자신의 의사를 정확히 표현하는 것이 관건인데 이 부분은 Chapter 13의 사진을 보고 마음에 드는 것을 골라 이유를 말하는 선호도 말하기와 유사하다. 선택의 이유를 말할 때, 상황이나 물건 등의 장점이나 더 나은 점 위주로 설명하면 대답이 크게 어렵지 않다.

출제경향

최근 시험에서는 선택을 넘어 장점과 단점을 모두 다 설명하기를 요구하는 문제가 출제되었다. 단순 선택 형 문제 외에도 가정을 전제한 선택, 장점과 단점을 설명하는 문제 등을 고루 접하고 훈련해 두어야 한다.

답변전략

장점을 말하자!

장점은 좋아하는 이유가 된다. 장점에 대해 먼저 정리하고 그것을 서술하는 연습을 하면 왜 그것을 선택했는지를 매끄럽게 설명이 가능하다. 또한 문장과 문장의 연결이 자연스럽도록 적절한 연결사를 사용하도록 하자.

경험에 대해 말하자!

특별한 장점이 생각나지 않거나, 선택의 이유가 부족하다고 느껴지면 경험을 이야기하면 된다. 응시자의 경험을 비추어볼 때 선택의 결과가 어떠했으며, 어떤 긍정적인 감정을 느꼈는지를 이야기 하는 것이다. 실제 경험한 적이 없더라도 선택의 결과를 예측하며, '아마 ~할 것 같아서', '~일것 같아서 선택했다' 라고 말해도 된다.

기출공략 문제

08 Chapter
Or Questions 선택해서 말하기

🎧 Q.58_01.mp3

Q 01. Which of these two restaurants would you choose to go to, the one in the city or the one by the seashore?

시내 중심에 있는 레스토랑과 해안가 레스토랑 중에서 어디를 선택하겠습니까?

A Level 3

🎧 A.58_03.mp3

I'm not a fan of seafood so I would have to choose the one in the city. Fresh seafood is nice for a special treat but not a regular thing.

해산물을 좋아하지 않아서 시내에 있는 것을 선택할 것입니다. 싱싱한 해산물은 특식으로는 좋지만 보통의 식사로는 별로입니다.

Level 4

🎧 A.58_04.mp3

I'm not big on seafood so, for me, the one in the city is the better choice. Seafood, as a specialty, is great once in a while but not on a regular basis.

해산물을 많이 좋아하지 않아서 제게는 시내에 있는 레스토랑이 더 좋을 것 같습니다. 해산물은 특별하게 한번씩은 좋지만 평소에 먹기엔 별로입니다.

Level 5

🎧 A.58_05.mp3

I'm not particularly keen on seafood. Therefore, the appropriate choice would have to be in the city. The specialty of fresh seafood is best enjoyed on occasion.

저는 특별히 해산물을 좋아하지는 않습니다. 그래서 더 나은 선택은 시내 중심가가 될 것입니다. 싱싱한 해산물의 특별함은 가끔씩 먹을 때가 최고입니다.

KEY EXPRESSION 필요한 문장에 ✓ 하세요.

☐ I'm not a fan of seafood so I would have to choose the one in the city.
해산물을 좋아하지 않아서 시내에 있는 것을 선택할 것입니다.

☐ Fresh seafood is nice for a special treat but not a regular thing.
싱싱한 해산물은 특식으로는 좋지만 보통의 식사로는 별로입니다.

☐ I'm not big on seafood so, for me, the one in the city is the better choice.
해산물을 많이 좋아하지 않아서 저에게는 시내에 있는 레스토랑이 더 좋을 것 같습니다.

☐ Seafood, as a specialty, is great once in a while but not on a regular basis.
해산물은 특별하게 한 번씩은 좋지만 평소에 먹기엔 별로입니다.

☐ I'm not particularly keen on seafood.
저는 특별히 해산물을 좋아하지는 않습니다.

☐ The specialty of fresh seafood is best enjoyed on occasion.
싱싱한 해산물의 특별함은 가끔씩 먹을 때가 최고입니다.

02. Why do you love the beach?

바다를 좋아하는 이유가 무엇입니까?

Level 3

For me, the beach is special for two reasons. My hometown is near beaches and we spent every summer there. Not only that but the sound of the water moving is very relaxing. It doesn't matter if you can't swim, you can still enjoy the beach.

저에게 바닷가가 특별한 데는 두 가지 이유가 있습니다. 제 고향이 바다 근처에 있어서 우리 가족은 매년 여름을 바다에서 보냈습니다. 그뿐만 아니라 물이 움직이는 소리는 사람을 굉장히 편하게 합니다. 수영을 하지 못해도 바다를 즐길 수 있습니다.

Level 4

The beach is a nostalgic place for me. I grew up near the beach and spent every summer going there. The sound of the moving waves is one of the most relaxing things in the world. Whether you can swim or not, everyone can enjoy something at the beach.

저에게 바닷가는 향수를 불러일으키는 장소입니다. 저는 바닷가 근처에서 성장해서 매년 여름에 바다에 갔습니다. 파도가 움직이는 소리는 이 세상에서 가장 편해지는 소리 중에 하나입니다. 수영을 하든지 못하든지 누구나 바다에서 무엇인가를 즐길 수 있습니다.

Level 5

The beach carries a sense of nostalgia for me. Growing up in a town close to beaches, much of my childhood summers were spent there. The wash of the waves on the beach are among the most soothing of sounds there are. Whether or not a person can swim is no reason not to enjoy the beach.

저에게 바다는 향수를 느끼게 하는 장소입니다. 바닷가 근처 동네에서 자라면서 제 어린 시절의 여름의 대부분은 바다에서 보냈습니다. 밀려오는 파도 소리는 모든 소리 중에서 가장 마음을 진정시키는 소리입니다. 수영을 할 수 있는지 없는지의 여부는 바다를 즐길 수 있는 이유와는 상관이 없습니다.

KEY EXPRESSION 필요한 문장에 ✓ 하세요.

☐ For me, the beach is special for two reasons.
저에게 바닷가가 특별한 데는 두 가지 이유가 있습니다.

☐ My hometown is near beaches and we spent every summer there.
제 고향이 바다 근처에 있어서 우리 가족은 매년 여름을 바다에서 보냈습니다.

☐ Not only that but the sound of the water moving is very relaxing.
그뿐만 아니라 물이 움직이는 소리는 사람을 굉장히 편하게 합니다.

☐ It doesn't matter if you can't swim, you can still enjoy the beach.
수영을 하지 못해도 바다를 즐길 수 있습니다.

☐ The beach is a nostalgic place for me.
저에게 바닷가는 향수를 불러일으키는 장소입니다.

☐ I grew up near the beach and spent every summer going there.
저는 바닷가 근처에서 성장해서 매년 여름에 바다에 갔습니다.

☐ The sound of the moving waves is one of the most relaxing things in the world.
파도가 움직이는 소리는 이 세상에서 가장 편해지는 소리 중에 하나입니다.

☐ Whether you can swim or not, everyone can enjoy something at the beach.
수영을 하든지 못하든지 누구나 바다에서 무엇인가를 즐길 수 있습니다.

Q.60_01.mp3

Q 03. Do you prefer working in your office or going on a business trip?

사무실에서 일하는 것과 출장을 가는 것 중에 어느 쪽을 선호합니까?

 Level 3   A.60_03.mp3

Business trips are too tiring. They sound exciting but usually, schedules are very tight and there's no time for sightseeing or relaxing. So, I prefer to work at the office.

출장은 너무 피곤합니다. 신나는 일 같지만 보통은 스케줄이 너무 빡빡해서 관광이나 휴식을 취할 시간이 없습니다. 그래서 사무실에서 일하는 것을 선호합니다.

Level 4   A.60_04.mp3

Business trips are far too exhausting. They might sound as though they're exciting but schedules are so jam-packed, there's rarely any time for sightseeing or leisure. Working at the office is better.

출장은 아주 고단합니다. 신나는 일처럼 들릴 수 있지만 스케줄이 너무 촉박하고, 관광이나 여가 활동의 시간이 거의 없습니다. 사무실에서 일하는 것이 더 좋습니다.

Level 5   A.60_05.mp3

Business trips are generally too exhausting. The idea has been romanticized by Hollywood and the like. Itineraries are typically so crammed full there's scarcely any time to explore or even relax.

출장은 아주 고단합니다. 할리우드 영화 등에서는 출장을 근사하게 묘사했습니다. 여행 일정표는 보통 너무 빡빡하게 차 있어서 관광이나 쉬는 것조차 간신히 할 수 있을 정도입니다.

KEY EXPRESSION   필요한 문장에 ✓ 하세요.

☐ So, I prefer to work at the office.
   그래서 사무실에서 일하는 것을 선호합니다.

☐ Working at the office is better.
   사무실에서 일하는 것이 더 좋습니다

☐ Business trips are far too exhausting.
   출장은 너무 많이 고단합니다.

☐ Business trips are generally too exhausting.
   출장은 보통 너무 고단합니다.

☐ Business trips are too tiring.
   출장은 너무 피곤합니다.

☐ They sound exciting but usually, schedules are very tight and there's no time for sightseeing or relaxing.
   신나는 일 같지만 보통은 스케줄이 너무 빡빡해서 관광이나 휴식을 취할 시간이 없습니다.

☐ The idea has been romanticized by Hollywood and the like.
   할리우드 영화 등에서는 출장을 근사하게 묘사했습니다.

☐ There's scarcely any time to explore or even relax.
   관광이나 쉬는 것조차 간신히 할 수 있을 정도입니다.

04. Compare and contrast traveling alone and traveling with family. Which do you prefer?

혼자 여행하는 것과 가족과 함께 여행하는 것을 비교 및 대조해 보십시오. 어느 쪽을 선호합니까?

 Level 3

I would have to choose travelling alone. Our family members are so familiar that it's easy to get frustrated or impatient with them. Travelling can take a lot of energy so if we're a little tired and cranky, it's easy to get into a fight.

저는 혼자 여행하는 것을 선택하겠습니다. 가족들끼리는 너무 익숙해서 쉽게 짜증을 내거나 참지 못할 때가 있습니다. 여행하는 것은 많은 에너지가 필요하기 때문에 조금만 피곤하고 짜증이 나도 싸우기 쉽습니다.

Level 4

Travelling alone may be better than with family. We already spend so much time with our families that it's easy to become discouraged and hasty. It takes a lot of energy to travel. When we're low on energy and grouchy, it's easy to argue.

혼자서 여행하는 것이 가족과 함께 하는 것보다 나을 수 있습니다. 우리는 가족과 이미 많은 시간을 보내서 쉽게 실망할 수 있고 경솔할 수 있습니다. 여행은 에너지가 많이 듭니다. 에너지가 별로 없고 토라지면 쉽게 언쟁이 날 수 있습니다.

Level 5

Travelling with one's family can be irksome due to familiarity. The energy expended while travelling can make us feel fatigued and testy leading to a heated exchange.

가족과 함께 여행하는 것은 익숙함 때문에 지루할 수 있습니다. 여행하면서 쓰는 에너지는 우리로 하여금 피곤을 느끼거나 참을성 없게 만들 수 있어서 곧 심한 언쟁을 시작할 수 있습니다.

KEY EXPRESSION   필요한 문장에 ✓ 하세요.

☐   I would have to choose travelling alone.
    저는 혼자 여행하는 것을 선택하겠습니다.

☐   Travelling alone may be better than with family.
    혼자서 여행하는 것이 가족과 함께 하는 것보다 나을 수 있습니다.

☐   Our family members are so familiar that it's easy to get frustrated or impatient with them.
    가족들끼리는 너무 익숙해서 쉽게 짜증을 내거나 참지 못할 때가 있습니다.

☐   Travelling can take a lot of energy so if we're a little tired and cranky, it's easy to get into a fight.
    여행하는 것은 많은 에너지가 필요하기 때문에 조금만 피곤하고 짜증이 나도 싸우기 쉽습니다.

☐   It takes a lot of energy to travel.
    여행은 에너지가 많이 듭니다.

☐   When we're low on energy and grouchy, it's easy to argue.
    에너지가 별로 없고 토라지면 쉽게 언쟁이 날 수 있습니다.

Q.62_01.mp3

 05. If you could have any superpower (flying, strength, invisibility), which would you choose and why?

초능력(비행능력, 초인적인 힘, 투명인간)을 가지게 된다면 어떤 것을 선택할 것이며 그 이유는 무엇입니까?

 Level 3　　　　　　　　　　　　　　　　　　　　A.62_03.mp3

I think I would choose flying. Imagine all the time you could save and the places you could go! No more taking stairs, trying to catch the bus or train on time or waste time stuck in traffic or even looking for parking spaces.

저는 비행 능력을 선택할 것 같습니다. 얼마나 많은 시간을 아낄 수 있을지 또 얼마나 많은 장소에 날아 갈 수 있을지를 상상해 보십시오! 계단을 올라가지 않아도 되고 시간에 맞춰 버스나 지하철을 타지 않아도 되거나 차가 막히거나 주차 공간을 찾지 않아도 됩니다.

Level 4　　　　　　　　　　　　　　　　　　　　A.62_04.mp3

I would have to go with flying. So much time could be saved and I could visit any place in the world. I wouldn't have to take any stairs, run to catch the bus or train, and especially would never get held up in traffic and looking high and low for parking spots.

저는 비행 능력을 선택하겠습니다. 시간을 많이 절약할 수 있고 세계 어느 곳에도 갈 수 있습니다. 계단을 오르지 않아도 되고 버스나 지하철을 타려고 뛰지 않아도 되고, 특별히 교통 체증에 갇히거나 주차 공간을 찾으려고 구석구석 찾지 않아도 됩니다.

Level 5　　　　　　　　　　　　　　　　　　　　A.62_05.mp3

My choice would have to be flight. The amount of time that could be saved is immeasurable. There would be no limitation to the places one could visit. Taking stairs, modes of transport and the drawbacks related thereto would no longer be of any concern.

제 선택은 비행 능력입니다. 절약할 수 있는 시간은 어마어마할 것입니다. 방문할 수 있는 장소에도 제한이 없을 것입니다. 계단을 오르고, 여러 교통수단이나 그에 따른 문제점도 더 이상 우려할 필요가 없습니다.

KEY EXPRESSION 필요한 문장에 ✓ 하세요.

☐ I think I would choose flying.
저는 비행 능력을 선택할 것 같습니다.

☐ Imagine all the time you could save and the places you could go!
얼마나 많은 시간을 아낄 수 있을지 또 얼마나 많은 장소에 날아 갈 수 있을지를 상상해 보십시오!

☐ I would have to go with flying.
저는 비행능력을 선택하겠습니다.

☐ So much time could be saved and I could visit any place in the world.
시간을 많이 절약할 수 있고 세계 어느 곳에도 갈 수 있습니다.

☐ The amount of time that could be saved is immeasurable.
절약할 수 있는 시간은 어마어마할 것입니다.

☐ There would be no limitation to the places one could visit.
방문할 수 있는 장소에도 제한이 없을 것입니다.

☐ No more taking stairs, trying to catch the bus or train on time or waste time stuck in traffic or even looking for parking spaces.
계단을 올라가지 않아도 되고 시간에 맞춰 버스나 지하철을 타지 않아도 되거나 차가 막히거나 주차 공간을 찾지 않아도 됩니다.

 06. Would you prefer to live in an apartment or in a villa?

아파트와 주택 중에 어느 곳을 선호하십니까?

 Level 3

I would prefer to live in a villa. I don't have a car so parking isn't a problem. I don't have to wait for an elevator to go up or down the building and it's easier to get to know your neighbors.

빌라에 사는 것을 더 선호합니다. 차가 없기 때문에 주차는 문제가 되지 않습니다. 엘리베이터를 기다리거나 빌딩을 오르락내리락하지 않아도 되고 이웃을 사귀기에도 쉽습니다.

Level 4

I'd rather live in a villa than an apartment. I have no need for parking space since I don't have a car. Entering or leaving the building is faster because I don't need to wait for an elevator. I find it easier to meet my neighbors in a villa, also.

아파트보다는 빌라에 살고 싶습니다. 제 차가 없기 때문에 주차 공간이 필요하지 않습니다. 엘리베이터를 기다리지 않아도 되기 때문에 집에 들어가고 나오는 것이 더 빠릅니다. 빌라에서는 이웃들을 만나는 것도 더 쉽습니다.

Level 5

Living in a villa over an apartment is preferable to me. Parking space isn't required, as I have no vehicle. There is no wait for an elevator when leaving or arriving at the building. And, finally, getting to know one's neighbors is much easier.

아파트에 사는 것보다는 빌라에 사는 것을 더 선호합니다. 자가용이 없어서 주차 공간은 필요하지 않습니다. 엘리베이터가 없기 때문에 집에 들어가고 나올 때 기다리지 않아도 됩니다. 마지막으로 이웃을 사귀는 것이 훨씬 쉽습니다.

KEY EXPRESSION 필요한 문장에 ✓ 하세요.

- ☐ I would prefer to live in a villa.
  빌라에 사는 것을 더 선호합니다.

- ☐ I don't have a car so parking isn't a problem.
  차가 없기 때문에 주차는 문제가 되지 않습니다.

- ☐ I don't have to wait for an elevator to go up or down the building and it's easier to get to know your neighbors.
  엘리베이터를 기다리거나 빌딩을 오르락내리락하지 않아도 되고 이웃을 사귀기에도 쉽습니다.

- ☐ I'd rather live in a villa than an apartment.
  아파트보다는 빌라에 살고 싶습니다.

- ☐ I have no need for parking space since I don't have a car.
  제 차가 없기 때문에 주차 공간이 필요하지 않습니다.

- ☐ Entering or leaving the building is faster because I don't need to wait for an elevator.
  엘리베이터를 기다리지 않아도 되기 때문에 집에 들어가고 나오는 것이 더 빠릅니다.

- ☐ I find it easier to meet my neighbors in a villa, also.
  빌라에서는 이웃들을 만나는 것도 더 쉽습니다.

- ☐ Living in a villa over an apartment is preferable to me.
  아파트에 사는 것보다는 빌라에 사는 것을 더 선호합니다.

- ☐ Parking space isn't required, as I have no vehicle.
  자가용이 없어서 주차 공간은 필요하지 않습니다.

- ☐ There is no wait for an elevator when leaving or arriving at the building.
  엘리베이터가 없기 때문에 집에 들어가고 나올 때 기다리지 않아도 됩니다.

Chapter 09
Information
정보에 대한 의견말하기

PART 02. Possible Questions & Answers

챕터소개

최근 가장 대두되고 있는 SPA 문제들 중 하나로 응시자가 알고 있는 정보에 의견을 덧붙여 말하는 것이다. 사실(fact) 전달이 기본이므로 객관적이고 논리적인 말하기 훈련이 필요하다. 간혹 장단점 혹은 유사한 점과 차이점을 설명하다가 객관성을 잃고 자신이 선호하는 내용으로 흘러가는 경우가 있는데 논점 일탈이 되므로 감점 요인이 될 수 있다. 질문이 요구하는 것에 맞게 답변하는 것이 중요하다.

출제경향

이메일, 스마트폰의 사용, 인터넷 관련 문제들이 자주 나왔다. 장단점을 묻는 형태의 질문일 수도 있고, 비슷한 점과 차이점을 서술하기를 요구하기도 한다. 답변 이후에 응시자의 선호도를 묻는 문제가 추가질문으로 나올 수 있다.

답변전략

비교와 대조 관련 어휘를 익히자!

Chapter 9에서 뿐만 아니라 Chapter 12에서도 비교와 대조하는 어휘는 쓰인다. 정확히 상반되는 어휘를 함께 익혀놓으면 비교나 다른 점을 설명할 때 유용하다. 반대의 뜻을 가진 단어를 함께 정리하여 외우자!

질문에 적합한 대답을 하자!

객관적인 서술을 요하는 질문에는 fact 전달이 기본이다. 선호도를 묻는 것인지, 비교와 대조를 묻는지 잘 듣고 답하자. 기억하라! 질문에 답이 있다.

기출공략 문제

09 Chapter
Information 정보에 대한 의견말하기

🎧 Q.64_01.mp3

Q 01. Can you recommend a good shopping mall in Korea?

한국의 좋은 쇼핑 센터를 추천해줄 수 있습니까?

A Level 3
🎧 A.64_03.mp3

I recommend going to Lotte Department Store near City Hall. It's easy to find and has both affordable goods and luxury brands because it is connected to Lotte Hotel.

시청 근처의 롯데 백화점에 가는 것을 추천합니다. 찾기도 쉽고 롯데 호텔과 연결되어 있어서 적절한 가격의 물품과 명품을 함께 쇼핑할 수 있습니다.

Level 4
🎧 A.64_04.mp3

I recommend Lotte Department Store located near City Hall. It's easy to get to and offers both mid-range and high-end brands as it is connected to the shopping center of Lotte Hotel.

시청 근처의 롯데 백화점을 추천합니다. 가기도 쉽고 롯데 호텔의 쇼핑 센터와 연결되어 있어서 중저가에서 고가의 상품을 다 제공합니다.

Level 5
🎧 A.64_05.mp3

I would suggest you go to Lotte Department Store near City Hall. As it's centrally located it is easily found. It offers brands ranging from mid to high-end being connected to Lotte Hotel.

시청 근처의 롯데 백화점에 가는 것을 권해드리고 싶습니다. 시내 중심에 위치하고 있어서 찾기 쉽습니다. 롯데 호텔과 연결되어 있어서 중저가에서 고가의 다양한 브랜드를 찾을 수 있습니다.

KEY EXPRESSION 필요한 문장에 ✓ 하세요.

☐ I recommend going to Lotte Department Store near City Hall.
시청 근처의 롯데 백화점에 가는 것을 추천합니다.

☐ It's easy to get to and offers both mid-range and high-end brands.
가기도 쉽고 중저가에서 고가의 상품을 다 제공합니다.

☐ I would suggest you go to ~
~에 가는 것을 추천하고 싶습니다.

☐ It is connected to Lotte Hotel.
롯데 호텔과 연결되어 있습니다.

☐ I would suggest you go to Lotte Department Store near City Hall.
시청 근처의 롯데 백화점에 가는 것을 권해드리고 싶습니다.

☐ As it's centrally located it is easily found.
시내 중심에 위치하고 있어서 찾기 쉽습니다.

🎧 Q.65_01.mp3

Q 02. Describe the similarities and differences between old cell phones & smartphones.

구형 핸드폰과 스마트폰의 유사점과 차이점을 설명하십시오.

A Level 3
🎧 A.65_03.mp3

I noticed that old cell phones started off big and got smaller over time but smartphones started off small and are getting bigger! The only similarities I can think of are being able to text and make calls.

구형 핸드폰들은 크기가 컸다가 시간이 지나면서 점점 작아졌는데 스마트폰은 작게 시작되었다가 점점 커지고 있다는 것을 느꼈습니다! 유일한 유사점은 문자를 보내고 전화를 할 수 있다는 것입니다.

Level 4
🎧 A.65_04.mp3

On an interesting note, the size of cell phones and smartphones have gone in opposite directions. In the beginning, cell phones were pretty big and shrank in size while smartphones were originally much smaller than they are now.

흥미로운 사실은 핸드폰과 스마트폰의 사이즈가 점점 반대로 발전한다는 것입니다. 처음에는 핸드폰 크기는 꽤 컸다가 점점 사이즈가 줄었고 반면 스마트폰은 본래 지금보다 훨씬 작았습니다.

Level 5
🎧 A.65_05.mp3

An interesting observation I've made is that the size of old cell phones were initially large and grew smaller over time while smartphones were small at inception and are growing larger. Some similarities include the ability to send text messages and make phone calls.

제가 관찰한 흥미로운 점은 구형 핸드폰의 사이즈는 처음에는 컸지만 시간이 지나면서 점점 작아진 반면 스마트폰은 시작은 작게 했지만 커진다는 사실입니다. 유사점으로는 문자를 보내고 전화를 걸 수 있다는 사실입니다.

KEY EXPRESSION 필요한 문장에 ✓ 하세요.

☐ I noticed that old cell phones started off big and got smaller over time but smartphones started off small and are getting bigger!

저는 구형 핸드폰들은 아주 큰 크기로 시작되었다가 시간이 지나면서 점점 작아졌는데 스마트폰은 작게 시작되었다가 점점 커지고 있다는 것을 느꼈습니다!

☐ <u>The only similarities I can think of</u> are being able to text and make calls.

<u>유일한 유사점</u>은 문자를 보내고 전화를 할 수 있다는 것입니다.

☐ <u>On an interesting note</u>, the size of cell phones and smartphones have gone in opposite directions.

흥미로운 사실은 핸드폰과 스마트폰의 사이즈가 점점 반대로 발전한다는 것입니다.

☐ <u>In the beginning</u>, cell phones were pretty big and shrank in size while smartphones were originally much smaller than they are now.

처음에는 핸드폰 크기는 꽤 컸다가 점점 사이즈가 줄었고 반면 스마트폰은 본래 지금보다 훨씬 작았습니다.

🎧 Q.66_01.mp3

03. Tell me the differences between Western food and Eastern food.

서양 음식과 동양 음식의 차이점을 설명해 주십시오.

Level 3
🎧 A.66_03.mp3

A lot of Eastern foods have many different herbs and spices compared to Western foods. Also, wheat is a big part of a Western diet and rice is more common with an Eastern diet.

많은 동양 음식은 서양 음식에 비교하여 다양한 허브와 향신료를 씁니다. 또한, 서양 식단에서 밀은 아주 큰 부분을 차지하는데 동양 식단에서는 쌀이 더 흔합니다.

Level 4
🎧 A.66_04.mp3

Many Eastern recipes include a wide variety of herbs and spices as opposed to Western recipes. Wheat plays a big part in Western food in place of rice, which is more often found in the Eastern diet.

많은 동양의 레시피는 서양의 레시피와 반대로 매우 다양한 종류의 허브와 향신료를 씁니다. 서양 음식에서 밀은 쌀 대신에 굉장히 큰 역할을 하는데, 동양 식단에서는 쌀이 훨씬 많이 쓰입니다.

Level 5
🎧 A.66_05.mp3

Some contrasting characteristics of Eastern and Western foods are the various herbs and spices used in the East whereas in the West, fewer spices are used. Perhaps the greatest discrepancy is in the staple grains of wheat in the West and rice in the East.

동양과 서양 음식의 대조적인 특징으로는 동양에서는 여러 종류의 허브와 향신료가 사용되는 반면에 서양에서는 적은 종류의 향신료가 사용된다는 것입니다. 가장 큰 차이점은 주곡으로 볼 수 있는데 서양은 밀을, 동양은 쌀을 주식으로 먹습니다.

KEY EXPRESSION   필요한 문장에 ✓ 하세요.

☐   A lot of Eastern foods have many different herbs and spices <u>compared to</u> Western foods.
많은 동양 음식은 서양 음식<u>에 비교하여</u> 다양한 허브와 향신료를 씁니다.

☐   Also, wheat is a big part of a Western diet and rice is more common with an Eastern diet.
또한, 서양 식단에서 밀은 아주 큰 부분을 차지하는데 동양 식단에서는 쌀이 더 흔합니다.

☐   Many Eastern recipes include a wide variety of herbs and spices <u>as opposed to</u> Western recipes.
많은 동양의 레시피는 서양의 레시피<u>와 반대로</u> 매우 다양한 종류의 허브와 향신료를 씁니다.

☐   Wheat <u>plays a big part</u> in Western food <u>in place of</u> rice, which is more often found in the Eastern diet.
서양 음식에서 밀은 쌀 <u>대신에</u> 굉장히 <u>큰 역할을 하는데</u>, 동양 식단에서는 쌀이 훨씬 많이 쓰입니다.

☐   <u>Some contrasting characteristics of</u> Eastern and Western foods are the various herbs and spices used in the East <u>whereas</u> in the West, fewer spices are used.
동양과 서양 음식의 <u>대조적인 특징으로는</u> 동양에서는 여러 종류의 허브와 향신료가 사용되는 <u>반면에</u> 서양에서는 적은 종류의 향신료가 사용된다는 것입니다.

☐   Perhaps the <u>greatest discrepancy</u> is in the <u>staple grains</u> of wheat in the West and rice in the East.
<u>가장 큰 차이점</u>은 <u>주곡</u>으로 볼 수 있는데 서양은 밀을, 동양은 쌀을 주식으로 먹습니다.

04. What are some advantages of the Internet?

인터넷의 장점은 무엇입니까?

 Level 3

Some advantages of the Internet are getting information about anything faster than ever before, people with disabilities or children can work from home, and social networking with friends or even strangers.

인터넷의 장점은 이전보디 훨씬 빠르게 정보를 수집할 수 있고 장애인이나 아이들이 집에서도 일을 할 수 있으며 친구들과 혹은 모르는 사람들과도 SNS를 통해 교제할 수 있는 것입니다.

Level 4

Some advantages of using the Internet include finding information on almost any topic faster than ever before, disabled people or stay-at-home parents can work from home, and social networking with friends, relatives or even strangers.

인터넷 사용의 장점을 몇 가지 예로 들자면 대부분의 주제에 관련된 정보를 이전보다 훨씬 빠르게 수집하고 장애인이나 가정주부들이 집에서도 일을 할 수 있으며 친구, 친척 혹은 낯선 사람들과도 SNS를 통해 연락할 수 있는 것입니다.

Level 5

Some of the advantages of Internet use would include the availability of information on a wide variety of subjects at never-before seen speeds, the disabled and homemakers are able to work from home, and social networking between family, friend and strangers alike.

인터넷 사용의 장점을 몇 가지 예로 들자면 다양한 분야의 주제에 대한 정보를 이전에는 꿈꿀 수 없었던 속도로 수집할 수 있고, 장애인이나 주부들이 집에서도 일을 할 수 있으며 가족, 친구 그리고 낯선 이들과도 SNS를 통해 교제할 수 있는 것입니다.

KEY EXPRESSION 필요한 문장에 ✔ 하세요.

☐ People with disabilities or children can <u>work from home</u>.
장애인이나 아이들이 집에서도 <u>일을 할 수</u> 있습니다.

☐ <u>Some advantages of the Internet</u> are getting information about anything faster than ever before, and social networking with friends or even strangers.
<u>인터넷의 장점은</u> 이전보다 훨씬 빠르게 정보를 수집할 수 있고 친구들과 혹은 모르는 사람들과도 SNS를 통해 교제할 수 있는 것입니다.

☐ Some advantages of using the Internet include ~
인터넷 사용의 장점에는 ~가 있습니다.

☐ finding information on almost any topic faster than ever before,
대부분의 주제에 관련된 정보를 이전보다 훨씬 빠르게 수집하는 것

☐ Social networking with friends, relatives or even strangers.
친구, 친척 혹은 낯선 사람들과도 SNS를 통해 연락할 수 있는 것

☐ Disabled people or <u>stay-at-home parents</u> can work from home.
장애인이나 <u>가정주부들</u>이 집에서도 일을 할 수 있습니다.

Picture Description & Sale Pitch

Unit 03
사진묘사와 구매권유

PART 02 Possible Questions & Answers

Chapter 10
Picture Description 사진묘사

Chapter 11
Selling a Product 사진 속 물건 팔기

Chapter 12
Picture Comparison 사진 비교 및 대조

Chapter 10
Picture Description
사진묘사

PART 02 Possible Questions & Answers

챕터소개

사진 한 장을 보고 묘사해야 하는 유형이다. SPA 시험에서 가장 자주 출제되는 유형이긴 하나, 난이도가 높은 편에 속하지는 않는다. 하지만 사진과 관련된 모든 질문의 시작이며 밑바탕이 되므로 이 Chapter를 잘 훈련해 두면 사진과 관련된 기출 유사 문제에 큰 어려움 없이 답변할 수 있다. 앞으로 Chapter 10~15까지, 이번 Chapter에서 익히는 내용들이 두루 쓰임을 기억하자!

출제경향

사람, 풍경, 그리고 물건에 대한 묘사가 주를 이룬다. 사무 공간 관련 사진이 많이 등장했다. 이 Chapter를 공부할 때는 응시자의 주관적 의견은 최대한 배제하는 것이 좋다.

답변전략

객관적인 서술!

사진 묘사 관련 기출에서 가장 중요한 부분은 눈에 보이는 내용을 얼마나 정확히 전달하느냐이다. 특히 위치, 색깔, 모양에 대한 서술을 잘 해야 한다. 사람이나 동물이 어떤 행동을 하고 있는지를 설명할 때는 현재진행형을 사용한다. 'There are three men and two women standing in a row' (세명의 남자와 두명의 여자가 나란 히 서있다) 처럼 'There are ~'로 설명을 시작해도 좋고 'this looks like' (이 사진은 ~인 것 같다), 'In this picture, there are ~', 'This picture shows ~'와 같은 구문을 적절히 활용하면 객관적인 서술이 쉬워진다. 또한 사진에 나와있는 대상에 대한 설명이므로 'the man', 'the woman'과 같이 정관사 the를 꼭 사용하도록 한다.

최대한 근접하게 설명하자!

간혹 색깔이나 모양을 설명하는 형용사나 명사가 생각이 나지 않아서 답변이 막힐 수 있다. 하지만 색깔이나 모양은 보는 시각에 따라 조금씩 차이가 날 수 있으므로 최대한 비슷한 단어를 쓰면 된다. 당황하지 말고 최대한 근접하게 설명하려고 노력하자. 단어가 하나 틀렸다고 해서 점수에 큰 영향을 주지 않는다.

기출공략 문제

10 Chapter
Picture Description 사진묘사

🎧 Q.68_01.mp3

 01. Describe this picture.

이 사진을 설명하십시오.

 Level 3 🎧 A.68_03.mp3

There are three men and two women standing in a row, texting. The men are all using one hand to text but the women are using two. Only the blond woman is smiling. I think they're gossiping about their boss. The colors are all blue and grey; maybe it's their office dress code.

세 남자와 두 여자가 일렬로 서서 문자를 보내고 있습니다. 남자들은 한 손으로 문자를 보내는데 여자는 두 손을 씁니다. 금발머리 여자만 웃고 있습니다. 제 생각에 이 사람들은 상사에 대한 뒷말을 하는 것 같습니다. 색깔은 모두 파란색과 회색입니다. 아마도 회사의 복장 규정이 아닐까 생각합니다.

Level 4 🎧 A.68_04.mp3

There are five people standing side-by-side, all texting on smart phones; three men and two women. The three men are texting with only one hand while the two women are using both hands. The blond woman in the center is smiling. The colors in the photo are almost all grey and blue tones. It might be their office dress code.

다섯 명의 사람이 나란히 서 있는데 모두 스마트폰으로 문자를 보내고 있습니다. 이들은 세 명의 남자와 두 명의 여자입니다. 세 남자는 한 손으로 문자를 보내는데 두 여자는 양손을 다 사용합니다. 가운데 있는 금발머리 여성은 웃고 있습니다. 사진에 나와 있는 색은 대부분 회색과 파란색 톤입니다. 회사의 복장 규정일 것 같습니다.

Level 5

🎧 A.68_05.mp3

In this photo we can see five people lined up alongside of each other. There are three men and two women. They all appear to be texting on smart phones. The men are texting with one hand. Conversely, the women are texting with two hands. The blond woman in the center is the only one smiling. It could be that they're texting each other gossip about their boss. The colors in the photo are all of a greyish-blue, possibly the company's color scheme.

이 사진에는 다섯 명의 사람들이 서로의 옆에 나란히 서 있습니다. 이들은 세 명의 남성과 두 명의 여성입니다. 모두 다 스마트폰으로 문자를 보내는 것으로 보입니다. 남자들은 한 손으로 문자를 보냅니다. 반면에 여자들은 두 손으로 문자를 보냅니다. 가운데의 금발머리 여성만이 웃고 있습니다. 아마도 그들의 상사에 대한 뒷말을 문자로 하는 걸 수 있습니다. 사진에 나오는 색은 모두 회색빛의 파란색인데 회사에서 지정하는 색의 배합일 수 있습니다.

KEY EXPRESSION 필요한 문장에 ✔ 하세요.

☐ There are three men and two women <u>standing in a row</u>, texting.
세 남자와 두 여자가 <u>일렬로 서서</u> 문자를 보내고 있습니다.

☐ The men are all using one hand to text but the women are using two.
남자들은 한 손으로 문자를 보내는데 여자는 두 손을 씁니다.

☐ Only the blond woman is smiling.
금발머리 여자만 웃고 있습니다.

☐ The colors are all <u>blue and grey</u>; maybe it's their office dress code.
색깔은 모두 <u>파란색과 회색</u>입니다. 아마도 회사의 복장 규정이 아닐까 생각합니다.

☐ There are five people <u>standing side-by-side</u>, all texting on smart phones: three men and two women.
다섯 명의 사람이 <u>나란히 서 있는데</u> 모두 스마트폰으로 문자를 보내고 있습니다. 세 명의 남자와 두 명의 여자입니다.

☐ The three men are texting with only one hand while the two women are using both hands.
세 남자는 한 손으로 문자를 보내는데 두 여자는 양손을 다 사용합니다.

☐ The blond woman in the center is smiling.
가운데 있는 금발머리 여성은 웃고 있습니다.

🎧 Q.69_01.mp3

 02. Describe this picture.
이 사진을 설명하십시오.

 Level 3   🎧 A.69_03.mp3

Two men are listening to a woman giving a presentation. The woman is holding a green marker and is looking at the man to her left.

두 명의 남자가 프레젠테이션을 하는 여자의 말을 듣고 있습니다. 여자는 녹색 마커펜을 들고 있고 그녀의 왼편에 있는 남자를 쳐다보고 있습니다.

Level 4   🎧 A.69_04.mp3

Two men are sitting at a table facing away from us and listening to a woman who is standing, facing this way, and giving a presentation. She drew a dotted line going upwards on a graph with a green marker. She is speaking directly to the man on her left.

두 명의 남자가 우리 쪽에 등을 돌리고 앉아서 우리 쪽으로 얼굴을 향하고 프레젠테이션을 하며 서 있는 여자의 말을 듣고 있습니다. 여자는 녹색 마커펜으로 그래프에서 위로 올라가는 점선을 그렸습니다. 그녀는 자신의 왼편에 있는 남성을 똑바로 쳐다보며 말하고 있습니다.

Level 5

🎧 A.69_05.mp3

A woman who is standing by a flip chart is presenting to two men who are sitting at a table. The two men are facing the presenter who has just drawn a green broken line on a graph depicting an upward projection. She appears to be explaining something to the man on her left.

플립 차트 옆에 서 있는 여성이 테이블에 앉아있는 두 명의 남성에게 프레젠테이션을 하고 있습니다. 두 남성은 프레젠테이션을 하는 여성을 보고 있고 여성은 그래프위에 상승 직선을 녹색 점선으로 표현했습니다. 여성은 그녀의 왼쪽에 있는 남성에게 무언가를 설명하는 것으로 보입니다.

KEY EXPRESSION 필요한 문장에 ✓ 하세요.

☐ Two men are listening to <u>a woman giving a presentation</u>.

두 명의 남자가 <u>프레젠테이션을 하는 여자</u>의 말을 듣고 있습니다.

☐ The woman is holding <u>a green marker</u> and is looking at the man <u>to her left</u>.

<u>여자는 녹색 마커를 들고 있고</u> 그녀의 왼편에 있는 남자를 쳐다보고 있습니다.

☐ Two men are sitting at a table <u>facing away</u> from us and listening to a woman who is standing, <u>facing this way</u>, and giving a presentation.

두 명의 남자가 우리 쪽에 <u>등을 돌리고</u> 앉아서 우리 쪽으로 얼굴을 향하고 프레젠테이션을 하며 서 있는 여자의 말을 듣고 있습니다.

☐ She <u>drew a dotted line</u> going upwards on a graph with a green marker.

여자는 녹색 마커로 그래프에서 상승 직선을 <u>점선으로 그렸습니다</u>.

☐ She is <u>speaking directly</u> to the man <u>on her left</u>.

그녀는 자신의 <u>왼편</u>의 남성을 똑바로 <u>쳐다보며 말하고</u> 있습니다.

☐ A woman who is standing by a <u>flip chart</u> is presenting to two men who are sitting at a table.

플립 차트 옆에 서 있는 여성이 테이블에 앉아있는 두 명의 남성에게 프레젠테이션을 하고 있습니다.

☐ The two men are facing the presenter who has just drawn a green <u>broken line</u> on a graph depicting an <u>upward projection</u>.

두 남성은 프레젠테이션을 하는 여성을 보고 있고 여성은 그래프위에 상승 직선을 녹색 점선으로 <u>표현했습니다</u>.

☐ She appears to be explaining something to the man on her left.

여성은 그녀의 왼쪽에 있는 남성에게 무언가를 설명하는 것 같아 보입니다.

03. Describe this picture.

이 사진을 설명하십시오.

Level 3

A man and his dog are at the beach playing with a tennis ball. The dog is all wet. The man is trying to take the ball from the dog's mouth.

한 남자와 그의 강아지가 바닷가에서 테니스 공을 가지고 놀고 있습니다. 강아지는 완전히 젖었습니다. 남자는 개의 입에서 공을 빼앗으려고 하고 있습니다.

Level 4

A man and his pet dog are playing fetch with a tennis ball at the beach. The dog looks soaked from the water. The man is attempting to retrieve the ball from the dog's mouth.

한 남자가 그의 애완견과 함께 바닷가에서 테니스 공으로 공 놀이를 하고 있습니다. 강아지는 바닷물에 흠뻑 젖은 것으로 보입니다. 남자는 강아지의 입에서 공을 되찾으려고 합니다.

Level 5

A man and his furry little friend are having a game of fetch with a tennis ball by the seashore. The dog looks like it's been in the water several times already and the man is currently attempting to extract the ball from the dog's clenching jaw.

한 남자가 그의 털 많은 작은 친구와 함께 해안가에서 테니스 공으로 공놀이를 하고 있습니다. 강아지는 이미 여러 번 물에 빠진 것처럼 보이고 남자는 강아지의 꽉 다물고 있는 입에서 공을 빼내려고 합니다.

KEY EXPRESSION   필요한 문장에 ✓ 하세요.

☐   A man and his dog are at the beach playing with a tennis ball.
한 남자와 그의 강아지가 바닷가에서 테니스 공을 가지고 놀고 있습니다.

☐   The dog is <u>all wet</u>. The man is trying to take the ball from the dog's mouth.
강아지는 <u>완전히 젖었습니다</u>. 남자는 개의 입에서 공을 빼앗으려고 하고 있습니다.

☐   A man and <u>his pet dog</u> are <u>playing fetch</u> with a tennis ball at the beach.
한 남자가 <u>그의 애완견</u>과 함께 바닷가에서 테니스 공으로 <u>공 놀이를 하고 있습니다</u>.

☐   The dog <u>looks soaked</u> from the water. The man <u>is attempting to retrieve the ball</u> from the dog's mouth.
강아지는 바닷물에 <u>흠뻑 젖은</u> 것으로 보입니다. 남자는 강아지의 입에서 <u>공을 되찾으려고 합니다</u>.

☐   A man and his <u>furry little friend</u> are having <u>a game of fetch</u> with a tennis ball <u>by the seashore</u>.
한 남자가 그의 <u>털 많은 작은 친구</u>와 함께 <u>해안가에서</u> 테니스 공으로 <u>공 놀이를</u> 하고 있습니다.

☐   The dog looks like it's been in the water several times already and the man <u>is currently attempting to extract the ball</u> from the dog's <u>clenching jaw</u>.
강아지는 이미 여러 번 물에 빠진 것처럼 보이고 남자는 강아지의 <u>꽉 다물고 있는</u> 입에서 <u>공을 빼내려고 합니다</u>.

Q 04. Describe this picture.

이 사진을 설명하십시오.

A Level 3

In this picture there are several skyscrapers. The sun is shining on them from behind the camera and dark clouds are above and behind them. The trees in the foreground are very dark.

사진에 여러 고층 빌딩이 찍혀 있습니다. 태양이 카메라 뒤쪽에서 빌딩들을 비추고 있고 검은 구름이 위에 그리고 뒤에 떠 있습니다. 앞에 있는 나무는 굉장히 어두운 색입니다.

Level 4

This picture shows several skyscrapers against an overcast sky. The sun is shining on the buildings from behind the photographer. In the foreground, trees in the shadows line the bottom frame.

이 사진은 구름 낀 하늘 높이 서 있는 여러 고층 빌딩을 보여줍니다. 햇볕이 사진작가 뒤쪽에서 빌딩 쪽을 비추고 있습니다. 사진 앞 부분에는 나무 그림자가 밑쪽으로 일렬로 서 있습니다.

Level 5

Several towering skyscrapers stand in the sunlight against a background of dark, looming rain clouds. The foreground shows outlines of trees wading in the shadows below.

어둡고 무시무시한 비구름을 뒤로하고 여러 고층 빌딩이 빛을 받으며 서 있습니다. 움직이는 나무 그림자의 윤곽이 밑 부분에 그려져 있습니다.

KEY EXPRESSION   필요한 문장에 ✓ 하세요.

☐   In this picture there are several skyscrapers.
사진에 여러 고층 빌딩이 찍혀 있습니다.

☐   The sun is shining on them from behind the camera and dark clouds are above and behind them.
태양이 카메라 뒤쪽에서 빌딩들을 비추고 있고 검은 구름이 위에 그리고 뒤에 떠 있습니다.

☐   The trees in the foreground are very dark.
앞에 있는 나무는 굉장히 어두운색 입니다.

☐   This picture shows several skyscrapers against an overcast sky.
이 사진은 구름 낀 하늘 높이 서 있는 여러 고층 빌딩을 보여줍니다.

☐   The sun is shining on the buildings from behind the photographer.
햇볕이 사진작가 뒤쪽에서 빌딩 쪽을 비추고 있습니다.

☐   In the foreground, trees in the shadows line the bottom frame.
사진 앞 부분에는 나무 그림자가 밑쪽으로 일렬로 서 있습니다.

☐   Several towering skyscrapers stand in the sunlight against a background of dark, looming rain clouds.
어둡고 무시무시한 비구름을 뒤로하고 여러 고층 빌딩이 태양빛을 받으며 서 있습니다.

☐   The foreground shows outlines of trees wading in the shadows below.
앞에는 움직이는 나무 그림자의 윤곽이 밑 부분에 그려져 있습니다.

Chapter 11
Selling a product
사진 속 물건 팔기

PART 02 Possible Questions & Answers

챕터소개

Level 4 이상을 목표로 하는 응시자들에게 가장 빈번하게 출제되는 유형이다. 한 장의 사진을 보여주고 그 사진 속 물건을 팔아보라고 한다. 실제로 판매하는 것처럼 연기해야 하는 부분도 점수에 포함되어 있어서 난이도가 높다. 기본적인 묘사 능력에 응시자가 마치 세일즈맨이 된 것처럼 제품의 장점을 설명하고 자신 있게 제품을 어필해야 하므로 많은 연습이 필요하다.

출제경향

이 문제 유형을 시험 중간에 접한다면 적어도 자신이 43~45점 이상을 받았다고 예상해도 무방하다. 삶에서 흔히 접하는 사물 혹은 음식 등이 출제되었다.

답변전략

유치한 내용도 매력적으로 포장해서 설명하자!
홈쇼핑을 본 적이 있는가? 유치해 보이는 기능까지도 그럴듯하게 설명한다. 누구나 뻔히 알 것 같은 기능이나 내용을 가치 있게 설명해야 한다. 다양한 형용사와 구매를 자극하는 표현들을 연습해 보자!

답변 구조를 미리 익혀가자.
상품에 대한 이목을 끌고 장점을 조목조목 설명한다. 관심과 필요를 자극하는 말을 한다. 꼭 사야만 하는 이유를 다양하게 제시한다. 어떻게 구매할 수 있는지 설명해 준다. 후회 없는 선택임을 재차 강조한다.

11 Chapter
Selling a product 사진 속 물건 팔기

기출공략 문제

🎧 Q.72_01.mp3

 01. Sell this eye mask.
  이 안대를 팔아보십시오.

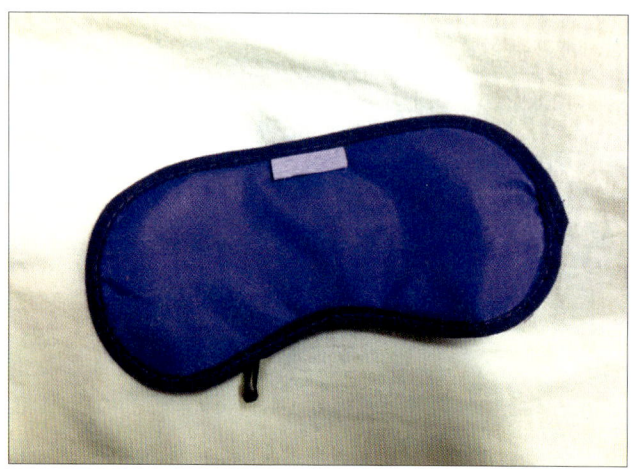

 Level 3 🎧 A.72_03.mp3

When was the last time you slept without interruption on a train, plane or even as a passenger on a long drive in a car? Even at home, with all of our modern technology, our world is brighter than ever, even at night! These new Blueberry eye masks are so light and soft you won't even know you're wearing them. Think of it! The perfect darkness for the perfect sleep you need. These are for you. Place your order now! Research shows that it's best to sleep in total darkness. We're sure you will be recommending these to everyone you know!

기차나 비행기 혹은 자동차로 장거리 여행을 하면서 당신이 마지막으로 아무런 방해 없이 편하게 잔 적은 언제인가요? 집에서도, 현대 기술로 인해 우리의 세상은 밤까지도 훨씬 더 밝아졌습니다. 이 새로운 블루베리 안대는 가볍고 부드러워서 착용한 느낌조차 들지 않습니다. 생각해 보십시오! 완벽한 잠을 위한 완전한 어두움입니다. 이것은 당신을 위한 상품입니다. 지금 주문하십시오! 완전히 어두운 환경에서 자는 것이 가장 좋다는 연구조사가 있습니다. 여러분도 이것을 사용하고 보면 다른 사람들에게도 이 상품을 추천하게 될 것입니다.

Level 4 🎧 A.72_04.mp3

Think back to the last time you slept straight through on a train, plane or even as a passenger on a long trip in a car. How many times were you woken up? Even the modern home at night is brighter than ever before with all of our modern technology. These new Blueberry eye masks are so light and soft you won't even know you're wearing them. Think of it! The perfect darkness for the perfect sleep you need. These are for you. Place your order now! Research shows that one of the best things for a good night's sleep is total darkness. Rest assured, you will be recommending these to everyone you know!

기차나 비행기 혹은 자동차로 장거리 여행을 하면서 한 번도 깨지 않고 잔 적이 마지막으로 언제인지 기억해 보십시오. 얼마나 많이 잠에서 깼습니까? 현대 기술은 현대식 가정에서도 밤을 이전보다 더 밝게 밝힙니다. 새로 나온 이 블루베리 안대는 가볍고 부드러워서 착용한 느낌조차 들지 않습니다. 생각해 보십시오! 완벽한 잠을 위한 완전한 어두움입니다. 이것은 당신을 위한 상품입니다. 숙면을 취하기 위해 가장 필요한 조건 중에 하나가 완벽한 어두움이라는 연구조사가 있습니다. 제가 보장합니다. 여러분도 한번 사용하고 나시면 다른 분들께 추천하게 될 것입니다.

Level 5

🎧 A.72_05.mp3

If you were to think back to the last time you slept on a train, plane or even as a passenger on a long trip in a car, how many times were you awoken? Even the modern home at night is so much brighter with all of our modern technology. These new Blueberry eye masks are so light and soft you'll completely unaware you're wearing them. Think of it! The perfect darkness for the perfect sleep you require. These are for you. Place your order now! Research has shown that one of the most beneficial aspects of a good night's sleep is complete darkness. Rest assured, you will be recommending these to everyone you know.

당신의 마지막 기차나 비행기 혹은 자동차로 장거리 여행을 생각해 볼 때 긴 시간을 자면서 중간에 잠에서 깬 적이 얼마나 많습니까? 현대 기술은 현대식 가정에서도 밤을 훨씬 밝게 밝힙니다. 새로 나온 이 블루베리 안대는 정말 가볍고 부드러워서 착용한 느낌이 들지 않습니다. 이것을 상상해 보십시오! 당신에게 필요한 완벽한 잠을 위한 완전한 어두움이 제공됩니다. 이 상품은 당신을 위해 준비되었습니다. 지금 주문하십시오! 숙면을 위해 가장 유익한 요소 중에 하나가 완전한 어두움이라는 연구조사 발표도 있습니다. 제가 보장합니다. 여러분도 한번 사용하고 나시면 다른 분들께 추천하게 될 것입니다.

KEY EXPRESSION 필요한 문장에 ✓ 하세요.

☐ When was the last time you slept without interruption?
아무런 방해 없이 편하게 잔 게 언제인가요?

☐ How many times were you awoken?
중간에 잠에서 깬 적이 얼마나 많습니까?

☐ When was the last time you slept without interruption on a train, plane or even as a passenger on a long drive in a car?
기차나 비행기 혹은 자동차로 장거리 여행을 하면서 당신이 마지막으로 아무런 방해 없이 편하게 잔 적은 언제인가요?

☐ Even at home, with all of our modern technology, our world is brighter than ever, even at night!
집에서도, 현대 기술로 인해 우리의 세상은 밤까지도 훨씬 더 밝아졌습니다.

☐ These new Blueberry eye pads are so light and soft you won't even know you're wearing them.
이 새로운 블루베리 안대는 가볍고 부드러워서 착용한 느낌조차 들지 않습니다.

☐ Think of it!
생각해 보십시오!

☐ The perfect darkness for the perfect sleep you need.
완벽한 잠을 위한 완전한 어두움입니다.

☐ These are for you.
이것은 당신을 위한 상품입니다.

☐ Place your order now!
지금 주문하십시오!

☐ Research shows that it's best to sleep in total darkness.
완전히 어두운 환경에서 자는 것이 가장 좋다는 연구조사가 있습니다.

☐ We're sure you will be recommending these to everyone you know!
여러분도 이것을 사용하고 보면 다른 사람들에게도 이 상품을 추천하게 될 것입니다.

 Q.73_01.mp3

Q 02. Sell this bed.

이 침대를 팔아보십시오.

Level 3    A.73_03.mp3

You're getting sleepy. Your eyes are getting heavier. You slowly lay back and put your head on your pillow and fall asleep, hardly aware there's anything underneath you or anyone beside you. Does that sound hard to believe? Well, not anymore! Once you lay down on our new, all natural blend of wool, cotton and organic latex 'springless' mattress, you'll never sleep on anything else, ever again. If you're not satisfied in 30 days, we'll give you a full money back guarantee. Call now for more information.

점점 졸음이 쏟아지시는군요. 눈이 조금씩 감기고 있네요. 조금씩 긴장을 풀고 누워서 베개를 베고 잠이 드는데 당신 아래에 무엇이 있다고 느끼거나 당신 옆에 누가 있는지가 거의 느껴지지 않습니다. 믿기 어려우신가요? 이제 믿으셔도 됩니다! 양모, 면, 유기농 라텍스가 천연 혼합된 새로 나온 '스프링 없는' 이 매트리스에 한번 누우시면 다른 곳에서는 잠도 못 주무시게 될 것입니다. 만약 구매 후 30일 내로 만족하지 못하신다면 100% 환불 보장해 드립니다. 더 알고 싶다면 지금 전화하세요.

Level 4   A.73_04.mp3

You're getting sleepy. Your eyes are getting heavier. You slowly lay back and rest your head on your pillow and gently drift off to sleep, barely aware there's anything underneath you or anyone beside you. Does that sound hard to swallow? Well, not anymore! Once you lay down on our new, all natural blend of wool, cotton and organic latex 'springless' mattress, you'll never sleep on anything else, ever again. If you're not satisfied in 30 days, we'll give you a full money back guarantee. Call now for more information.

점점 졸음이 쏟아지시는군요. 눈이 조금씩 감기고 있네요. 조금씩 긴장을 풀고 누워서 베개를 베고 천천히 잠에 빠져드는데 당신 아래에 무엇이 있는지 옆에 누가 있는지 거의 느낄 수가 없습니다. 이해하기 어려운 이야기인가요? 하지만 사실입니다! 양모, 면, 유기농 라텍스가 천연 혼합된 새로 나온 '스프링 없는' 이 매트리스에 한번 누우시면 다른 곳에서는 잠도 못 주무시게 될 것입니다. 만약 구매 후 30일 내로 만족하지 못하신다면 완전히 환불 보장해 드립니다. 더 알고 싶다면 지금 전화하세요.

Level 5

🎧 A.73_05.mp3

You're getting sleepy. Your eyes are getting heavier. You slowly lay back and ease your head down on your pillow and drift off into slumber, scarcely aware there's anything underneath you or anyone beside you. Not convinced? Well, prepare yourself for a surprise! Once you lay down on our new, all natural blend of wool, cotton and organic latex 'springless' mattress, you'll be loath to sleep on anything else, ever again. If you're not satisfied in 30 days, we'll give you a full money back guarantee. Call now for more information.

점점 졸음이 쏟아지시는군요. 눈이 조금씩 감기고 있네요. 조금씩 긴장을 풀고 누워서 베개에 머리를 편안히 누이고 잠에 스르륵 빠져드는데… 당신 아래에 무엇이 있는지, 그리고 누가 옆에 있는지 거의 아무것도 느껴지지 않습니다. 믿기지 않으세요? 놀랄 준비를 하십시오! 양모, 면, 유기농 라텍스가 천연 혼합된 새로 나온 '스프링 없는' 이 매트리스에 한번 누우시면 다른 곳에는 다시는 눕기조차 싫어질 것입니다. 만약 구매 후 30일 내로 만족하지 못하신다면 100% 환불 보장해 드립니다. 더 알고 싶다면 지금 전화하세요.

KEY EXPRESSION — 필요한 문장에 ✔ 하세요.

☐ You're getting sleepy.
점점 졸음이 쏟아지시는군요.

☐ Your eyes are getting heavier.
눈이 조금씩 감기고 있네요.

☐ You slowly lay back and put your head on your pillow and fall asleep, hardly aware there's anything underneath you or anyone beside you.
조금씩 긴장을 풀고 누워서 베개를 베고 잠이 드는데 당신 아래에 무엇이 있다고 느끼거나 당신 옆에 누가 있는지가 거의 느껴지지 않습니다.

☐ Does that sound hard to believe? Well, not anymore!
믿기 어려우신가요? 이제 믿으셔도 됩니다!

☐ Once you lay down on our new, all natural blend of wool, cotton and organic latex 'springless' mattress, you'll never sleep on anything else, ever again.
양모, 면, 유기농 라텍스가 천연 혼합된 새로 나온 '스프링 없는' 이 매트리스에 한번 누우시면 다른 곳에서는 잠도 못 주무시게 될 것입니다.

☐ If you're not satisfied in 30 days, we'll give you a full money back guarantee.
만약 구매 후 30일 내로 만족하지 못하신다면 100% 환불 보장해 드립니다.

☐ Call now for more information.
더 알고 싶다면 지금 전화하세요.

☐ Does that sound hard to swallow?
이해하기 어려운 이야기인가요?

☐ Not convinced?
믿기지 않으세요?

☐ Well, prepare yourself for a surprise!
놀랄 준비를 하십시오!

03. Sell this house.

이 집을 팔아보십시오.

Level 3

If you're looking for the ideal getaway, this original home is built into the side of the mountains with a full view of the area around it. Private and quiet, you'll feel on top of the world in this cozy mountain home. This home has every modern feature to make it possible to live here throughout the year. Don't miss your chance for this dream home in the hills.

이상적인 휴가를 찾고 계시다면 산 옆에 잘 어울리게 지어져 주변 전경이 다 보이는 이 클래식한 가정집은 어떻습니까? 조용하고 사적인 공간이 보장되는 이 아늑한 산속 집에서 당신은 최고의 기분을 느낄 것입니다. 이 집은 일 년 내내 지내도 될 수 있도록 모든 최신식 설비가 장착되어 있습니다. 산 위에 위치한 이 꿈의 집을 놓치지 마십시오.

Level 4

Your search for the perfect hideaway is over. In this unique residence you'll delight in a bird's eye view of the surrounding hillside and valley. Fully equipped with every modern convenience for year-round living, you'll never want to live in the city again. Act now for your chance to buy the mountain home of your dreams.

이제 완벽한 별장을 찾아 헤맬 필요가 없습니다. 이 특별한 주택에서 당신은 주변의 산 풍경을 조감도를 보는 것과 같이 즐길 수 있었다. 1년 4계절을 위한 최신식 편의시설이 완벽하게 설치되어 있어서 다시는 도시에서 살고 싶지 않을 것입니다. 당신이 꿈꾸던 산장을 위해 지금 신청하십시오.

Level 5

🎧 A.74_05.mp3

Hunt no more for your home in the clouds. This aerial refuge has an astonishing panoramic view of the encompassing mountain ridge. Furnished with all the latest amenities, this dwelling on heaven's doorstep will satisfy your plea for perennial peace and quiet. Don't delay, make this your very own alpine haven.

구름 위의 집을 더 이상 찾아 헤맬 필요가 없습니다. 이 하늘 위의 별장은 산등성이를 아우르는 놀라운 파노라마 같은 전경을 줍니다. 가장 최신 편의시설을 설비하고 있어서 이 천국의 별장은 당신이 갈망하던 모든 계절을 지낼 수 있는 평화롭고 조용한 장소입니다. 주저하지 마십시오, 이 높은 산속의 안식처를 당신 것으로 만드십시오!

KEY EXPRESSION 필요한 문장에 ✓ 하세요.

☐ If you're looking for the ideal getaway, this original home is built into the side of the mountains with a full view of the area around it.
이상적인 휴가를 찾고 계시다면 산 옆에 잘 어울리게 지어져 주변 전경이 다 보이는 이 클래식한 가정집은 어떻습니까?

☐ Private and quiet, you'll feel on top of the world in this cozy mountain home.
조용하고 사적인 공간이 보장되는 이 아늑한 산 속 집에서 당신은 최고의 기분을 느낄 것입니다.

☐ This home has every modern feature to make it possible to live here throughout the year.
이 집은 일 년 내내 지내도 될 수 있도록 모든 최신식 설비가 장착되어 있습니다.

☐ Don't miss your chance for this dream home in the hills.
산 위에 위치한 이 꿈의 집을 놓치지 마십시오.

☐ Your search for the perfect hideaway is over.
이제 완벽한 별장을 찾아 헤맬 필요가 없습니다.

☐ In this unique residence you'll delight in a bird's eye view of the surrounding hillside and valley.
이 특별한 주택에서 당신은 주변의 산 풍경을 조감도를 보는 것과 같이 즐길 수 있습니다.

☐ Fully equipped with every modern convenience for year-round living, you'll never want to live in the city again.
1년 4계절을 위한 최신식 편의시설이 완벽하게 설치되어 있어서 다시는 도시에서 살고 싶지 않을 것입니다.

☐ Act now for your chance to buy the mountain home of your dreams.
당신이 꿈꾸던 산장을 지금 신청하십시오.

☐ Hunt no more for your home in the clouds.
구름 위의 집을 더 이상 찾아 헤맬 필요가 없습니다.

☐ Don't delay, make this your very own alpine haven.
주저하지 마세요. 이 높은 산속의 안식처를 당신 것으로 만드십시오!

MEMO

Chapter 12
Picture Comparison
사진 비교 및 대조

PART 02 Possible Questions & Answers

챕터소개

2장에서 4장의 사진을 보여주고 비교 및 대조를 요구하는 문제 유형이다. 비교할 때는 정확히 어떤 사진을 설명하는지 상투어구의 사용이 중요하다. 예를 들어, 'The picture on the left has' (왼쪽 사진에 ~가 있습니다), 'The one on the right has' (오른쪽 사진에 ~가 있습니다), 'Something these two pictures have in common is' (이 두 사진이 공통적으로 가지고 있는 점은 ~입니다)과 같은 상투어구를 사용하면 훨씬 더 정돈된 구조로 비교와 대조를 할 수 있다.

출제경향

대부분 정확히 비교 및 대조가 가능한 사진들이 많았다. 예를 들어, 옛날 전화기와 스마트폰을 보여주거나, 기차, 선박, 비행기와 자동차를 비교·대조하는 문제는 여러 응시자들에게 출제된 바가 있다.

답변전략

논리적이고 체계적인 비교와 대조!

먼저 어떤 유사점 혹은 공통점이 있는지 설명한다. 다음으로 어떤 차이점이 있는지 설명한다. 차이점을 설명할 때는 왼쪽 사진에 특징 하나를 설명하고 다시 오른쪽 사진에서 상반된 특징을 설명하는 순서로 순차적으로 설명하도록 한다. 한쪽 사진에 대한 특징들을 나열할 후에 다른 쪽 사진의 특징을 나열하는 방법은 피하는 것이 좋다.

비교급 사용!

비교 및 대조 문제 유형이므로 비교해서 표현하는 방법을 점검하고 완벽하게 숙지한다. Level4이상을 목표하는 응시자들은 단어에 'er'를 붙일지 'more'를 사용해야 할지 아니면 'better'처럼 단어 자체를 바꾸어 사용하는지 혼동해서는 안 된다.

기출공략 문제

12 Chapter
Picture Comparison 사진 비교 및 대조

🎧 Q.75_01.mp3

 01. Compare and contrast these pictures.

이 두 사진을 비교하고 대조해보십시오.

 Level 3 🎧 A.75_03.mp3

Both of these photos have palm trees and sunny blue skies. The palm trees in the photo on the left are still very young and small while the palm trees on the right are much older and taller. The picture on the left has two white buildings next to a field of yellow flowers but the one on the right has a white VW van next to a beach.

이 두 사진 모두에는 야자수와 화창한 파란 하늘이 있습니다. 왼쪽 사진에 있는 야자수는 아직 어리고 키도 작은 반면에 오른쪽 사진에 있는 야자수는 훨씬 오래되고 큽니다. 왼쪽에 있는 사진에는 노란 꽃밭 옆에 하얀색 빌딩 두 채가 있는데 오른쪽 사진에는 바닷가 옆에 하얀색 폭스바겐 밴이 있습니다.

Level 4 🎧 A.75_04.mp3

Something these two pictures have in common is palm trees and sunny blue skies. The palm trees in the picture on the left, however, are quite small while the palm trees on the right are quite a bit taller. The picture on the left has two white buildings, one in the distance on the left and the other closer to the foreground on the right. They're next to a meadow of yellow flowers. The photo on the right has a white VW van in the center foreground by a beach.

이 두 사진에 공통적으로 찾을 수 있는 것은 야자수와 화창한 파란 하늘입니다. 왼쪽 사진의 야자수는 키가 꽤 작은 반면에 오른쪽 사진의 야자수는 상당히 큽니다. 왼쪽 사진에는 하얀 빌딩 두 채가 있는데 하나는 왼편에서 꽤 먼 거리에 위치해 있고 다른 빌딩은 오른쪽의 앞 부분에 가깝게 있습니다. 그리고 그 옆에 노란 꽃밭이 펼쳐져 있습니다. 오른쪽 사진 중간 앞부분에는 바닷가 근처에 하얀색 폭스바겐 밴이 세워져 있습니다.

Level 5

🎧 A.75_05.mp3

There are two things these photos have in common. One is that they both have palm trees. However, the trees in the photo on the left are quite small compared to the trees on the right. Second, both photos have clear blue skies. Both have something white but in the photo on the left it's two white buildings versus one white van in the photo on the right. The two buildings are next to a prairie-like meadow with one in the distance and the other closer to the foreground. The van in the photo on the right is a white Volkswagen van placed dead center in front of the palm trees, in front of the beach.

이 두 사진에는 두 가지의 공통점이 있습니다. 첫번째 공통점은 야자수가 있다는 것입니다. 그런데 왼쪽 사진에 있는 야자수는 오른쪽 사진에 비해 꽤 작습니다. 두 번째 공통점은 화창한 파란 하늘이 있다는 것입니다. 두 사진에 다 하얀 것이 있는데 왼쪽 사진에는 하얀 빌딩 두 채가 있고 오른쪽 사진에는 하얀 밴이 있습니다. 두 빌딩 옆에는 대초원 같은 밭이 펼쳐져 있고 한 빌딩은 꽤 먼 거리에 있고 다른 빌딩은 앞쪽에서 가깝습니다. 오른쪽 사진의 밴은 하얀색 폭스바겐 밴인데 야자수 앞이자 바닷가 앞의 정중앙에 위치해 있습니다.

KEY EXPRESSION   필요한 문장에 ✔ 하세요.

☐ Both of these photos have palm trees and sunny blue skies.
   이 두 사진 모두에는 야자수와 화창한 파란 하늘이 있습니다.

☐ The palm trees in the photo on the left are still very young and small.
   왼쪽 사진에 있는 야자수는 아직 어리고 작습니다.

☐ While the palm trees on the right are much older and taller.
   반면에 오른쪽 사진에 있는 야자수는 훨씬 오래되고 큽니다.

☐ The picture on the left has two white buildings next to a field of yellow flowers.
   왼쪽에 있는 사진에는 노란 꽃밭 옆에 하얀색 빌딩 두 채가 있습니다.

☐ But the one on the right has a white VW van next to a beach.
   반면 오른쪽 사진에는 바닷가 옆에 하얀색 폭스바겐 밴이 있습니다.

☐ Something these two pictures have in common is palm trees and sunny blue skies.
   이 두 사진에 공통적으로 찾을 수 있는 것은 야자수와 화창한 파란 하늘입니다.

☐ The palm trees in the picture on the left, however, are quite small while the palm trees on the right are quite a bit taller.
   왼쪽 사진의 야자수는 키가 꽤 작은 반면에 오른쪽 사진의 야자수는 상당히 큽니다.

☐ The picture on the left has two white buildings, one in the distance on the left and the other closer to the foreground on the right.
   왼쪽 사진에는 하얀 빌딩 두 채가 있는데 하나는 왼편에서 꽤 먼 거리에 위치해 있고 다른 빌딩은 오른쪽의 앞 부분에 가깝게 있습니다.

☐ They're next to a meadow of yellow flowers.
   그리고 그 옆에 노란 꽃밭이 펼쳐져 있습니다.

☐ The photo on the right has a white VW van in the center foreground by a beach.
   오른쪽 사진 중간 앞부분에는 바닷가 근처에 하얀색 폭스바겐 밴이 세워져 있습니다.

Q.76_01.mp3

 02. Compare and contrast these pictures.

이 사진들을 비교 및 대조하십시오.

 Level 3

A.76_03.mp3

One of the few things in common that these two photos have is that they are happening outside of the home. The picture on the left is of a man hiking in the mountains and the picture on the right is of a man in a cafe and a man outside the window of the cafe. The man hiking is young but the men at the cafe have grey hair. The man on the left is standing and facing the camera but the men on the right are sitting and facing away from the camera.

이 두 사진에서 공통적으로 찾을 수 있는 몇 안 되는 특징 중에 하나는 둘 다 집 밖에서 찍힌 것입니다. 왼쪽 사진은 한 남자가 산에서 등산을 하고 있고 오른쪽 사진은 한 남자가 카페에 앉아 있고 카페의 창문 밖에도 한 남자가 앉아 있습니다. 등산하는 남자는 젊은데 카페에 있는 남자는 머리가 하얗습니다. 왼쪽의 남자는 서 있고 카메라 쪽을 보고 있는데 오른쪽에 있는 남자는 앉아 있고 카메라 반대편을 보고 있습니다.

Level 4

A.76_04.mp3

There are only minor similarities between these two pictures. Two of the common elements are that they are leisure activities that take place outside of the house. Another minor similarity is that they include evergreens. Some of the contrasts include a man hiking in the hills facing toward the camera in the photo on the left, while two men at a cafe in the other photo are facing the other way. The hiker is wearing shorts and a T-shirt while the two men on the right are wearing fall fashions. The hiker appears to be young while the men at the cafe seem to have grey hair.

이 두 사진에는 아주 미미한 유사성이 있습니다. 두 개의 공통점은 둘 다 집 밖에서 하는 여가 활동이라는 것입니다. 또 다른 공통점은 상록수가 찍혀있다는 것입니다. 차이점으로는 왼쪽 사진에서는 한 남자가 등산을 하면서 카메라 쪽을 쳐다보고 있는 반면에 다른 사진의 카페에 있는 두 명의 남자는 반대편을 쳐다보고 있다는 것입니다. 등산하는 남자는 반바지와 티셔츠를 입고 있고 오른 편의 두 남성은 가을 옷을 입고 있습니다. 등산하는 남자는 젊어 보이는데 카페의 남자들은 머리가 흰색입니다.

Level 5   🎧 A.76_05.mp3

There is little comparability between these two photographs but that they are both transpiring outside of the home and incorporate conifers. The differences are numerous. The photo on the left is of a young man hiking in a mountainous region clothed in shorts and a t-shirt. He is facing in the general direction of the camera. The photo on the right is a cafe scene with two men: one outside and one inside. The men at the cafe both have their backs turned to the camera. The man on the inside has grey hair and is wearing a sweater while the man on the outside is wearing a jacket.

이 두 사진에는 공통점이 별로 없지만 둘 다 모두 집 밖에서 일어나는 일이고 사진 속에 침엽수를 포함하고 있습니다. 차이점은 많이 있습니다. 왼쪽의 사진에는 반바지와 티셔츠를 입은 젊은 남성이 산악 지형을 등산하고 있습니다. 그의 얼굴은 사진을 찍을 때 일반적인 방향인 카메라를 향해 있습니다. 오른 편의 사진은 카페를 배경으로 두 남성이 보이는데 한 명은 카페 밖에, 다른 한 명은 안에 있습니다. 카페에 있는 남성들은 모두 카메라에 등을 돌리고 있습니다. 실내에 있는 사람은 머리가 하얗고 스웨터를 입고 있는데 야외에 있는 사람은 재킷을 입고 있습니다.

KEY EXPRESSION | 필요한 문장에 ✔ 하세요.

☐   There are only minor similarities between these two pictures.
이 두 사진에는 아주 미미한 유사성이 있습니다.

☐   Another minor similarity is that they include evergreens.
또 다른 공통점은 상록수가 찍혀있다는 것입니다.

☐   The picture on the left is of a man hiking in the mountains
왼쪽 사진은 한 남자가 산에서 등산을 하고 있습니다.

☐   And the picture on the right is of a man in a cafe and a man outside the window of the cafe.
오른쪽 사진은 한 남자가 카페에 앉아 있고 카페의 창문 밖에도 한 남자가 앉아 있습니다.

☐   The man hiking is young but the men at the cafe have grey hair.
등산하는 남자는 젊은데 카페에 있는 남자는 머리가 하얗습니다.

☐ The man on the left is standing and facing the camera.
왼쪽의 남자는 서 있고 카메라 쪽을 보고 있습니다.

☐ But the men on the right are sitting and facing away from the camera.
하지만 오른쪽에 있는 남자는 앉아 있고 카메라 반대편을 보고 있습니다.

☐ The hiker is wearing shorts and a T-shirt while the two men on the right are wearing fall fashions.
등산하는 남자는 반바지와 티셔츠를 입고 있고 오른 편의 두 남성은 가을 옷을 입고 있습니다.

☐ The hiker appears to be young while the men at the cafe seem to have grey hair.
등산하는 남자는 젊어 보이는데 카페의 남자들은 머리가 흰색입니다.

☐ The differences are numerous.
차이점은 많이 있습니다.

☐ The men at the cafe both have their backs turned to the camera.
카페에 있는 남성들은 모두 카메라에 등을 돌리고 있습니다.

☐ The man on the inside has grey hair and is wearing a sweater while the man on the outside is wearing a jacket.
실내에 있는 사람은 머리가 하얗고 스웨터를 입고 있는데 야외에 있는 사람은 재킷을 입고 있습니다.

03. Compare and contrast these pictures.

이 사진들을 비교 및 대조하십시오.

 Level 3

These two pictures show a strong contrast between Eastern and Western food with raw versus fried food and even rice versus potatoes. The photo on the left has a bamboo mat and the photo on right has a plate on a cloth mat. The photo on the right has a fork and knife but the photo on the left has nothing to eat with.

이 두 사진은 동양과 서양 음식의 선명한 대조를 보여주는데 날음식과 튀김음식, 그리고 쌀과 감자를 비교합니다. 왼쪽 사진에서는 대나무 발이 있고 오른쪽 사진에는 천으로 된 식탁 매트 위에 그릇이 올려져 있습니다. 오른쪽 사진에는 포크와 나이프가 있고 왼쪽에는 먹기 위한 도구가 없습니다.

Level 4

There is a clear contrast in these two photographs. On the left we have sushi representing Eastern food and on the right we have a pork cutlet with fries representing Western food. The sushi is presented on a bamboo mat without any chopsticks or silverware and the fried pork is on a plate with a fork and knife on a place mat.

이 두 사진에는 분명한 대조점이 있습니다. 왼쪽에는 동양 음식을 대표하는 초밥이 있고 오른쪽에는 서양 음식을 대표하는 포크커틀릿과 프렌치프라이가 있습니다. 초밥은 대나무 발에 올려져 있고 젓가락이나 은 식기가 없는데 돼지고기 튀김은 그릇에 올려져 있고 식탁 매트 위에 포크와 나이프가 함께 있습니다.

Level 5

These juxtaposed dinner images demonstrate a distinct discrepancy. Starting on the left, we see sushi: the epitome of Eastern cuisine. To the right, we have the standard American fare: pork cutlet with fries and decorative vegetables. The simple presentation of sushi on beds of rice over a folded bamboo mat is devoid of utensils while the jumble of meat and potatoes on a plate with metal cutlery lay on a cloth place mat.

이 나란히 놓인 저녁 식사 사진은 확실한 차이를 보여줍니다. 왼쪽부터 살펴보면 동양 요리를 대표하는 초밥이 보입니다. 오른쪽에는 기본적인 미국 음식인 포크커틀릿과 프렌치프라이, 그리고 야채 장식이 보입니다. 쌀밥 위에 올려진 초밥은 별다른 장식 없이 접혀진 대나무 발 위에 올려져 있고 어떠한 식기도 거부하는 반면 그릇 위에 고기와 감자가 어우러져 있는 사진에는 천으로 된 식탁 매트 위에 금속 식기구가 놓여있습니다.

KEY EXPRESSION — 필요한 문장에 ✔ 하세요.

☐ These two pictures show a strong contrast between Eastern and Western food with raw versus fried food and even rice versus potatoes.
이 두 사진은 동양과 서양 음식의 선명한 대조를 보여주는데 날음식과 튀김음식, 그리고 쌀과 감자를 비교합니다.

☐ The photo on the left has a bamboo mat and the photo on right has a plate on a cloth mat.
왼쪽 사진에서는 대나무 발이 있고 오른쪽 사진에는 천으로 된 식탁 매트 위에 그릇이 올려져 있습니다.

☐ The photo on the right has a fork and knife but the photo on the left has nothing to eat with.
오른쪽 사진에는 포크와 나이프가 있고 왼쪽에는 먹기 위한 도구가 없습니다.

☐ There is a clear contrast in these two photographs.
이 두 사진에는 분명한 대조점이 있습니다.

☐ On the left we have sushi representing Eastern food and on the right we have a pork cutlet with fries representing Western food.
왼쪽에는 동양 음식을 대표하는 초밥이 있고 오른쪽에는 서양 음식을 대표하는 포크커틀릿과 프렌치프라이가 있습니다.

☐ The sushi is presented on a bamboo mat without any chopsticks or silverware and the fried pork is on a plate with a fork and knife on a place mat.
초밥은 대나무 발에 올려져 있고 젓가락이나 은 식기가 없는데 돼지고기 튀김은 그릇에 올려져 있고 식탁 매트 위에 포크와 나이프가 함께 있습니다.

☐ These juxtaposed dinner images demonstrate a distinct discrepancy.
이 나란히 놓인 저녁 식사 사진은 확실한 차이를 보여줍니다.

☐ To the right, we have the standard American fare: pork cutlet with fries and decorative vegetables.
오른쪽에는 기본적인 미국 음식인 포크커틀릿과 프렌치프라이, 그리고 야채 장식이 보입니다.

Picture Preference

Unit 04
사진 속 선호도 말하기

PART 02 Possible Questions & Answers

Chapter 13

Picture Preference 사진 속 선호도 말하기

13 Chapter 13
Picture Preference
사진 속 선호도 말하기

PART 02 Possible Questions & Answers

챕터소개

주로 2장~4장의 사진을 보여주고 그 중 어떤 것을 가장 선호하는지를 묻는다. 동일한 아이템 혹은 상반되는 상황의 사진이다. 종종 질문의 본질을 놓치고 두 개를 비교하거나 대조하는 경우가 있다. 하지만 무엇을 선호하는 지에 대해 묻는 것이기 때문에 비교 대조를 하는 실수를 피해야 한다.

출제경향

해변에 있는 레스토랑과 시내에 있는 레스토랑 사진을 보여주고 선호하는 사진을 고르라고 한 적이 있다. 또한 여러 장르의 영화 포스터를 보여주고 가장 좋아하는 것을 선택하라는 경우도 있었다. 최근 SPA 시험에서는 단순 비교·대조 문제보다 선호도를 묻는 문제의 비중이 점차 높아지고 있다.

답변전략

잘 설명할 수 있는 쪽을 선택하라!

자신이 선호하는 내용보다는 잘 설명할 수 있는 사진을 선택하는 것이 좋다. 관련된 어휘 및 주요 표현을 잘 숙지하여 대비하는 것이 중요하다. 선택하느라 머뭇거리지 말고 빠른 판단을 내리는 것이 최상의 전략이 될 수 있다. 응시자들에게는 10분 안에 얼마나 많은 영어를 구사하는지도 중요하다. 주어진 시간 내에서 선택한 것에 집중하여 논리적으로 말하는 연습을 하는 것이 좋다.

추가질문에 대비하라!

추가질문은 주로 선택의 이유 혹은 다른 쪽을 선택하지 않은 이유를 묻는다. 설명하기 쉬운 쪽의 장점과 단점을 서술함으로써 선택의 이유를 말하는 것도 전략이다.

13
Chapter
Preference 사진 속 선호도 말하기

🎧 Q.78_01.mp3

 01. Which one do you prefer?

어느 쪽을 선호하십니까?

 Level 3 🎧 A.78_03.mp3

I prefer the watch on the left. These days, smartphones have replaced the need for watches so they're more of an accessory. If anyone wears a watch, it's more for fashion than for any practical use.

왼쪽 시계가 더 마음에 듭니다. 요즘에는 스마트폰이 시계의 기능을 대신하기 때문에 시계는 이제 액세서리에 더 가깝습니다. 어떤 사람이 시계를 차고 있다면 실질적인 사용을 위해서라기보다는 패션 아이템일 것입니다.

Level 4 🎧 A.78_04.mp3

The watch on the left is far more stylish than the one on the right. Since most everybody has smartphones we can easily get the time and date from that. Watches are more for show than anything else.

왼쪽에 있는 시계가 오른쪽에 있는 시계보다 훨씬 유행에 맞는 스타일입니다. 요즘 대부분의 사람이 스마트폰을 가지고 있기 때문에 우리는 손쉽게 스마트폰으로 시간과 날짜를 확인합니다. 시계는 다른 것보다도 보여주기 위한 아이템이 되었습니다.

Level 5 🎧 A.78_05.mp3

According to my preferences, the analog watch on the left is far more fashionable than the digital watch on the right. Smartphones have almost completely replaced the need of a watch making them a matter of style more than use.

제 취향에는 왼쪽에 있는 아날로그시계가 오른쪽의 디지털시계보다 훨씬 더 세련되었다고 생각됩니다. 스마트폰이 시계의 필요를 거의 다 채워주고 있기 때문에 이제 시계는 사용하기 위해서라기보다는 스타일의 문제가 되었습니다.

KEY EXPRESSION 필요한 문장에 ✔ 하세요.

☐ I prefer the watch on the left.
왼쪽 시계가 더 마음에 듭니다.

☐ These days, smartphones have replaced the need for watches so they're more of an accessory.
요즘에는 스마트폰이 시계의 기능을 대신하기 때문에 시계는 이제 액세서리에 더 가깝습니다.

☐ If anyone wears a watch, it's more for fashion than for any practical use.
어떤 사람이 시계를 차고 있다면 실질적인 사용을 위해서라기보다는 패션 아이템일 것입니다.

☐ The watch on the left is far more stylish than the one on the right.
왼쪽에 있는 시계가 오른쪽에 있는 시계보다 훨씬 유행에 맞는 스타일입니다.

☐ Since most everybody has smartphones
요즘 대부분의 사람이 스마트폰을 가지고 있기 때문에

☐ We can easily get the time and date from that.
우리는 손쉽게 스마트폰으로 시간과 날짜를 확인합니다.

☐ Watches are more for show than anything else.
시계는 다른 것보다도 보여주기 위한 아이템이 되었습니다.

☐ According to my preferences, the analog watch on the left is far more fashionable than the digital watch on the right.
제 취향에는 왼쪽에 있는 아날로그시계가 오른쪽의 디지털시계보다 훨씬 더 세련되었다고 생각됩니다.

☐ Smartphones have almost completely replaced the need of a watch making them a matter of style more than use.
스마트폰이 시계의 필요를 거의 다 채워주고 있기 때문에 이제 시계는 사용하기 위해서라기보다는 스타일의 문제가 되었습니다.

02. Which one do you prefer?

어느 쪽을 선호하십니까?

 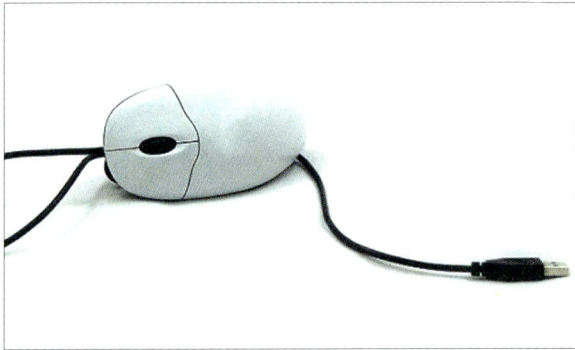

 Level 3

I think the wireless mouse is better. They can be a little more expensive but my desk is already full of wires and cables. It's nice to free up some space and move around more freely.

저는 무선 마우스가 더 낫다고 생각합니다. 무선 마우스는 조금 더 비싸겠지만 이미 제 책상은 선과 줄로 꽉 차 있습니다. 여유 공간을 조금 더 만들어서 자유롭게 움직이는 것이 좋습니다.

Level 4

The wireless mouse is a better choice for me. I don't mind paying more if it means freeing up space on and under my desk. There are so many cables they always get tangled up. With wireless mice, you're free to move about more.

저에게는 무선 마우스가 더 좋은 선택입니다. 책상 아래 위로 공간을 비울 수 있다면 돈을 더 내도 상관없습니다. 선이 너무 많아서 항상 서로 엉켜버립니다. 무선 마우스가 있다면 좀 더 자유롭게 움직일 수 있습니다.

Level 5

I would choose the wireless device over anything with cables. Despite the higher cost, the freedom to move about and not get twisted up in cables is preferable.

저라면 선이 있는 제품보다 무선 제품을 고르겠습니다. 가격이 더 비싸긴 하지만 자유롭게 움직이고 선이 엉키지 않는 것이 더 좋습니다.

KEY EXPRESSION 필요한 문장에 ✓ 하세요.

☐ I think the wireless mouse is better.
저는 무선 마우스가 더 낫다고 생각합니다.

☐ They can be a little more expensive but my desk is already full of wires and cables.
무선 마우스는 조금 더 비싸겠지만 이미 제 책상은 선과 줄로 꽉 차 있습니다.

☐ It's nice to <u>free up</u> some space and move around more freely.
여유 공간을 조금 더 <u>만들어서</u> 자유롭게 움직이는 것이 좋습니다.

☐ The wireless mouse is a better choice for me.
저에게는 무선 마우스가 더 좋은 선택입니다.

☐ I don't mind paying more if it means freeing up space on and under my desk.
책상 아래 위로 공간을 비울 수 있다면 돈을 더 내도 상관없습니다.

☐ There are so many cables they always <u>get tangled up</u>.
선이 너무 많아서 항상 <u>서로 엉켜버립니다</u>.

☐ With wireless mice, you're free to move about more.
무선 마우스가 있다면 좀 더 자유롭게 움직일 수 있습니다.

☐ I would choose the <u>wireless device</u> over anything with cables.
저라면 선이 있는 제품보다 <u>무선 제품</u>을 고르겠습니다.

☐ Despite the higher cost, the freedom to move about and not get twisted up in cables is preferable.
가격이 더 비싸긴 하지만 자유롭게 움직이고 선이 엉키지 않는 것이 더 좋습니다.

Q.80_01.mp3

03. Which one do you prefer?

어느 쪽을 선호하십니까?

Level 3   A.80_03.mp3

If the weather were nice, like in the photos, I would choose to read outside. We spend enough time indoors during the winter; it's good to get outside when you can. And sunshine is the best source of vitamin D!

만약 사진처럼 날씨가 좋다면 저는 야외에서 독서하기를 선택할 것입니다. 겨울에는 이미 많은 시간을 실내에서 보내기 때문에 가능할 때 외출하는 것이 좋습니다. 그리고 햇빛이 비타민 D의 가장 좋은 원천입니다!

Level 4   A.80_04.mp3

When the weather is nice, as shown in the photos, reading outside is my first choice. So much of our time is spent indoors during the winter months that it's good to be outdoors as much as possible during warmer weather. Also, the best and most efficient way to get our vitamin D is from the sun!

사진처럼 날씨가 좋을 때에는 야외에서 독서하는 것이 제 첫 번째 선택입니다. 우리는 겨울 동안 많은 시간을 실내에서 보내기 때문에 따뜻한 날씨에는 최대한 야외로 나가는 것이 좋습니다. 또한, 비타민 D를 섭취하는 가장 효과적인 최고의 방법은 햇빛을 쬐는 것입니다.

Level 5   A.80_05.mp3

Reading outdoors is far preferable to indoors on beautiful sunny days. After several months of cold winter weather, every chance to be outdoors should be taken. Not only is fresh air good for one's health but sunshine is the most ideal source of vitamin D.

햇빛이 아름다운 날에는 야외에서 독서하는 것이 실내에서 독서하는 것보다 훨씬 좋습니다. 추운 겨울 날씨를 몇 달 지내고 나면 외출할 수 있는 모든 가능성을 활용해야 합니다. 상쾌한 공기가 건강에 좋은 것도 있지만 햇빛이야말로 비타민 D에 있어 가장 이상적인 원천입니다.

KEY EXPRESSION 필요한 문장에 ✔ 하세요.

☐ If the weather were nice, like in the photos, I would choose to read outside.
만약 사진처럼 날씨가 좋다면 저는 야외에서 독서하기를 선택할 것입니다.

☐ We spend enough time indoors during the winter; it's good to get outside when you can.
겨울에는 이미 많은 시간을 실내에서 보내기 때문에 가능할 때 외출하는 것이 좋습니다.

☐ And sunshine is the best source of vitamin D!
그리고 햇빛이 비타민 D의 가장 좋은 원천입니다!

☐ When the weather is nice, as shown in the photos, reading outside is my first choice.
사진에서처럼 날씨가 좋을 때에는 야외에서 독서하는 것이 제 첫 번째 선택입니다.

☐ So much of our time is spent indoors during the winter months that it's good to be outdoors as much as possible during warmer weather.
우리는 겨울 동안 많은 시간을 실내에서 보내기 때문에 따뜻한 날씨에는 최대한 야외로 나가는 것이 좋습니다.

☐ Also, the best and most efficient way to get our vitamin D is from the sun!
또한, 비타민 D를 섭취하는 가장 효과적인 최고의 방법은 햇빛을 쬐는 것입니다.

☐ Reading outdoors is <u>far preferable</u> to indoors on beautiful sunny days.
햇빛이 아름다운 날에는 야외에서 독서하는 것이 실내에서 독서하는 것보다 <u>훨씬</u> 좋습니다.

☐ Sunshine is the most <u>ideal source</u> of vitamin D.
햇빛이야말로 비타민 D에 있어 가장 <u>이상적인 원천</u>입니다.

Data / Graph Analysis

Unit 05
자료 및 도표 분석

PART 02 Possible Questions & Answers

Chapter 14

Data / Graph Analysis 자료 및 도표 분석

Chapter 14
Data / Graph Analysis
자료 및 도표 분석

PART 02 Possible Questions & Answers

챕터소개

SPA 시험 중, 물건팔기(Selling a product)에 이어 난이도가 높은 유형이다. 도표를 설명하는 것은 상대적으로 쉽다. 다만 설명을 하고 나서 이어 질문하는 추가질문이 어려운 경우가 많다.

도표에는 총 3가지– 파이 그래프(Pie), 바 그래프(bar) 그리고 라인 그래프(line)가 있다. 도표를 설명하고 분석하는 답변은 다른 어떤 기출에 대한 답변보다 객관성을 요구한다. 회의를 할 때 그래프를 설명하는 자신을 상상해 보자. SPA 시험에서 자료에 대한 정확한 정보 전달 및 분석 능력을 측정하는 것이다.

출제경향

그래프 설명을 듣고 특정 연도 혹은 특정 달에 판매량이 왜 높았는지를 묻는 추가질문이 많았다. 세 가지의 그래프 유형 중, 라인 그래프가 가장 많이 나오는 추세이다.

답변전략

관련 필수 어휘를 익히자!

각각의 그래프 유형에 맞는 설명이 있다. 설명을 시작할 때 사용되는 여러 가지 주요 구문을 익히고 그래프 유형별로 정리된 어휘들을 숙지하여 응용해 본다. 동사와 형용사를 집중해서 살펴보는 것이 중요하다.

추가질문을 함께 훈련하자!

그래프를 보면서 증가 또는 감소하는 이유, 앞으로의 추이 변화를 자주 묻는다. 따라서 응시자들은 평소 그래프를 보고 설명하는 부분 외에도 추가질문을 예상하면서 연습해야 한다.

그래프에 쓰이는 표현을 알아두자!

파이 그래프(Pie)

표현	내용
Portion	제시된 그래프에서 비율을 뜻하는 단어로, 원 그래프에 나뉘어 있는 부분이다.
Parts	Portion과 같은 뜻으로, 원 그래프에서 나뉘어 있는 부분이다.
The Largest/Biggest Portion	가장 넓은 비율(부분)을 말하며, '가장 넓은/큰 부분'이라고 표현한다.
The Smallest Portion	가장 적은 비율(부분)을 말하며, '가장 적은 부분'이라고 표현한다.

바 그래프(Bar)

표현	내용
Horizontal Axis	수평축을 뜻하는 단어이다. X axis (x축)과 같이 표현하는 것보다 horizontal axis (수평축)과 같은 단어를 써 주는 것이 고득점을 받는 데 유리하다.
Vertical Axis	수직축을 뜻하는 단어이다. Y axis (y축)으로 표현하는 것보다 vertical axis (수직축)과 같은 단어를 써 주는 것이 고득점을 받는데 유리하다.
The Highest	가장 높은 것을 뜻할 때 쓰인다. 가장 많이 팔린 시점이나 많은 양을 언급할 때 사용한다.
The Smallest	가장 낮은 것을 가리킬 때 쓴다. 가장 적게 팔린 시점이나 가장 적은 양을 언급하고 싶을 때 사용한다.

라인 그래프(line)

동사	명사	형용사	부사
Rise (to)	A rise	Dramatic	Dramatically
Increase (to)	An increase	Sharp	Sharply
Go up to		Huge	Hugely
Grow (to)	Growth	Steep	Steeply
Boom	A boom	Considerable	Considerably
Peak (at)	(reach) a peak (at)	Significant	Significantly
Fall (to)	A fall (of)	Marked	Markedly
Decline (to)	A decline (of)	Moderate	Moderately
Dip (to)	A dip (of)	Small	
Go down (to)			
Reduce (to)	A reduction (of)		
A slump			
No change	No change		
Remain stable (at)			
Remain steady (at)			
Stay (at)			

기출공략 문제

14 Chapter
Data / Graph Analysis 자료 및 도표 분석

🎧 Q.81_01.mp3

01. Please describe this pie graph.

이 파이 그래프를 설명해 보세요.

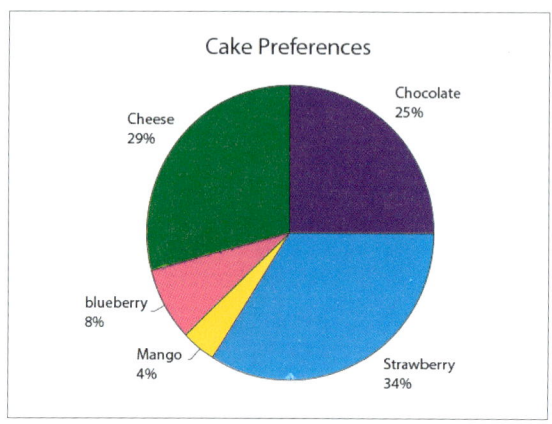

 Level 3

 A.81_03.mp3

Here we have a pie graph representing the 5 most popular cake flavors. Of all the people surveyed, 34% preferred strawberry cake over all others in the study. Cheese and chocolate were close behind at 29% and 25%, each. Surprisingly, very few people chose blueberry, at 8%, and mango, at 4%, in this study.

여기 이 파이 그래프에 가장 인기 있는 케이크 5 종류가 있습니다. 조사에 따르면 설문에 참가한 사람들 중 34%가 딸기 케이크를 가장 선호한다고 나왔습니다. 치즈와 초콜릿 케이크가 각각 29%와 25%로 그 뒤를 따르고 있습니다. 놀랍게도 아주 적은 숫자인 8%가 블루베리 케이크를 선택했고 망고는 4%로 집계되었습니다.

Level 4

🎧 A.81_04.mp3

Now let's look at cakes. Five of the most popular cake flavors are represented in this pie chart. Thirty-four percent of those surveyed chose strawberry cake as their favorite cake flavor while cheese and chocolate came close to a tie with 29% and 25%, respectively. Compared to the top three, blueberry and mango barely registered at 8% and 4%, respectively.

자, 케이크를 한번 살펴봅시다. 이 파이 그래프에는 가장 인기 있는 케이크 5 종류를 보여줍니다. 설문조사에 참가한 사람의 34%는 가장 좋아하는 케이크로 딸기 케이크를 선택했고 치즈와 초콜릿 케이크는 거의 비슷한 수치인 29%와 25%의 결과가 나왔습니다. 가장 인기 있는 세 가지 케이크와 비교해서 블루베리와 망고 케이크는 각각 8%와 4%라는 적은 수치를 기록했습니다.

Level 5

🎧 A.81_05.mp3

We will now move on to cake statistics. As you can see, this pie chart demonstrates the popularity of five main flavors. In a recent survey, an impressive 34% percent of participants chose strawberry as their favorite flavor. Well behind this at 29% was cheese followed closely by chocolate at 25%. Blueberry and mango show up at a mere 8% and 4%, respectively. One thing we can draw from this study is that 100% of the participants like cake.

이제 케이크 통계자료로 넘어갑시다. 보시다시피 이 파이 그래프는 가장 인기 있는 케이크 5 종류를 보여줍니다. 최근 설문조사에 따르면 놀랍게도 34%의 참가자기 딸기 케이크를 가장 좋아하는 케이크로 선택했습니다. 딸기 케이크 뒤로는 치즈 케이크가 29%, 그리고 그와 비슷하게 초콜릿 케이크가 25%입니다. 블루베리와 망고 케이크는 각각 8%와 4%라는 적은 수치를 보여줍니다. 이 연구조사에서 우리가 알아낼 수 있는 것은 참가자 100%가 케이크를 좋아한다는 사실입니다.

KEY EXPRESSION   필요한 문장에 ✓ 하세요.

☐ Here we have a pie graph representing the 5 most popular cake flavors.
여기 이 파이 그래프에 가장 인기 있는 케이크 5 종류가 있습니다.

☐ Cheese and chocolate were close behind at 29% and 25%, each.
치즈와 초콜릿 케이크가 각각 29%와 25%로 그 뒤를 따르고 있습니다.

☐ Surprisingly, very few people chose blueberry, at 8%, and mango, at 4%, in this study.
놀랍게도 아주 적은 숫자인 8%가 블루베리 케이크를 선택했고 망고는 4%로 집계되었습니다.

☐ Now let's look at cakes.
자, 케이크를 한 번 살펴봅시다.

☐ Five of the most popular cake flavors are represented in this pie chart.
이 파이 그래프에는 가장 인기 있는 케이크 5 종류를 보여줍니다.

☐ Compared to the top three, blueberry and mango barely registered at 8% and 4%, respectively.
가장 인기 있는 세 케이크와 비교해서 블루베리와 망고 케이크는 각각 8%와 4%라는 적은 수치를 기록했습니다.

☐ We will now move on to cake statistics.
이제 케이크 통계자료로 넘어갑시다.

☐ As you can see, this pie chart demonstrates the popularity of five main flavors.
보시다시피 이 파이 그래프는 가장 인기 있는 케이크 5 종류를 보여줍니다.

☐ In a recent survey, an impressive 34% of participants chose strawberry as their favorite flavor.
최근 설문조사에 따르면 놀랍게도 34%의 참가자기 딸기 케이크를 가장 좋아하는 케이크로 선택했습니다.

☐ Well behind this at 29% was cheese followed closely by chocolate at 25%.
딸기 케이크 뒤로는 치즈 케이크가 29%, 그리고 그와 비슷하게 초콜릿 케이크가 25%입니다.

☐ Blueberry and mango show up at a mere 8% and 4%, respectively.
블루베리와 망고 케이크는 각각 8%와 4%라는 적은 수치를 보여줍니다.

02. Please describe this bar graph.

이 그래프를 설명하십시오.

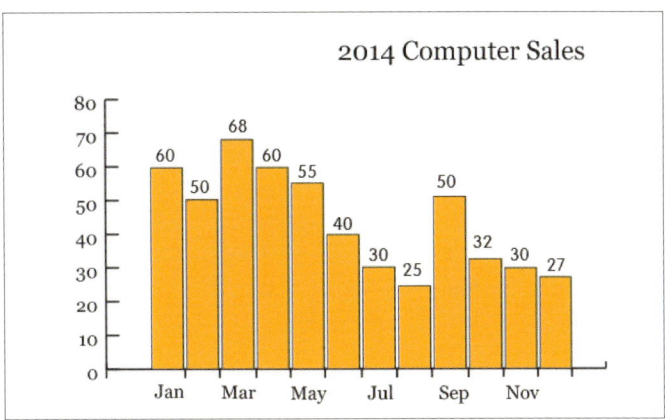

 Level 3

This bar graph represents computer sales per million for the year 2014. The year started strong with an average of around 60 million computers sold per month in the first five months. The next 3 months saw a steady drop from 40 million to 25 million units. This was followed by a sudden jump to 50 million in September. The last three months of the year averaged around 30 million units sold per month.

이 막대 그래프는 2014년의 컴퓨터 판매량을 100만 단위로 보여줍니다. 2014년도의 시작은 아주 높은 비율을 보이는데 첫 5달간 매월 평균 6천만 대가 팔렸습니다. 그 다음 3개월간은 4천만 대에서 2천5백만 대로 꾸준한 하락세를 보입니다. 이후인 9월에는 갑작스럽게 상승하여 5천만 대가 팔렸습니다. 2014년도의 마지막 3달은 평균적으로 매달 3천만 대를 팔았습니다.

Level 4

As you can see from this bar graph, we have computer sales for the year 2014 expressed in units per million. The first five months averaged out to roughly 60 million units each, dropping suddenly to 40 million in June then steadily falling to 25 million in August with a temporary spike in September at 50 million units sold. The last quarter saw a low approximate average of 30 million units being sold.

보시다시피 이 막대 그래프는 2014년 한 해의 컴퓨터 판매량을 백만 단위로 표시했습니다. 첫 5달은 대략 평균적으로 한 달마다 6천만 대씩 팔렸으나 6월에 4천만 대로 갑자기 하락하고는 지속적으로 떨어져서 8월에는 2천5백만 대를 기록, 9월에는 일시적으로 급증한 5천만 대를 기록했습니다. 마지막 4분기는 낮은 근사치로 평균 3천만 대가 팔렸습니다.

Level 5

🎧 A.82_05.mp3

On this bar graph, you will notice the 2014 computer sales trends denoted in units per million. The first quarter sees an approximate average of 60 million units falling abruptly to 40 million in June then continuing the downward trend until August ending at 25 million units. We see a dramatic hike up to 50 million for the month of September only to once again falter and flounder around the 30 million mark during the final quarter of the year.

이 막대 그래프는 2014년 컴퓨터 판매량의 동향을 백만 단위로 나타내고 있습니다. 1분기는 평균 6천만 대의 판매량을 보여주나 6월에는 4천만 대로 갑작스럽게 떨어지며 계속해서 하락세를 보여 8월에는 결국 2천5백만 대로 떨어졌습니다. 9월 중에는 극적으로 상승하여 5천만 대를 기록한 것을 볼 수 있는데 이후인 4분기에는 다시 불안정해지고 흔들리며 3천만 대를 기록했습니다.

KEY EXPRESSION 필요한 문장에 ✔ 하세요.

☐ This bar graphs represents computer sales per million for the year 2014.
이 막대 그래프는 2014년 한 해의 컴퓨터 판매량을 100만 단위로 보여줍니다.

☐ The year <u>started strong</u> with an average of around 60 million computers sold per month in the first five months.
2014년도의 <u>시작은 아주 높은 비율을 보이는데</u> 첫 5달 간 매월 평균 6천만 대가 팔렸습니다.

☐ The next 3 months saw a <u>steady drop</u> from 40 million to 25 million units.
그 다음 3개월간은 4천만 대에서 2천5백만 대로 <u>꾸준한 하락세</u>를 보입니다.

☐ This was followed by a <u>sudden jump to</u> 50 million in September.
이후인 9월에는 <u>갑작스럽게 상승하여</u> 5천만 대가 팔렸습니다.

☐ The last three months of the year averaged around 30 million units sold per month.
2014년도의 마지막 3달은 평균적으로 매달 3천만 대를 팔았습니다.

☐ As you can see from this bar graph, we have computer sales for the year 2014 <u>expressed in</u> units per million.
보시다시피 이 막대 그래프는 2014년 한 해의 컴퓨터 판매량을 백만 단위로 <u>표시하였습니다</u>.

☐ With a <u>temporary spike</u> in September at 50 million units sold.
9월에는 <u>일시적으로 급증한</u> 5천만 대를 기록했습니다.

☐ The last quarter saw a low approximate average of 30 million units being sold.
마지막 4분기는 낮은 근사치로 평균 3천만 대가 팔렸습니다.

☐ On this bar graph, you will notice the 2014 computer sales trends <u>denoted</u> in units per million.
이 바 그래프는 2014년 컴퓨터 판매량의 동향을 백만 단위로 <u>나타내고</u> 있습니다.

Q 03. Please describe this line graph.

이 선 그래프를 설명하십시오.

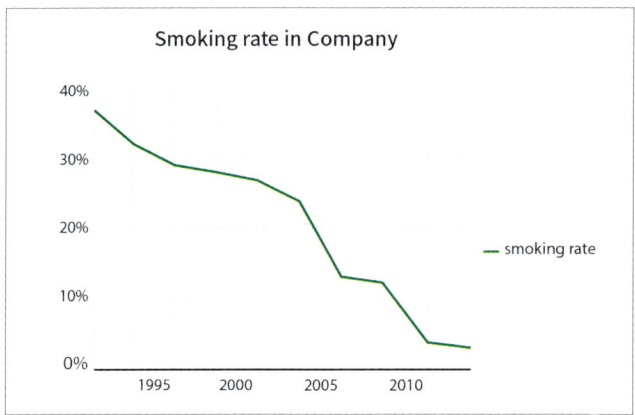

A Level 3

Here we have a line graph giving us a clear view of the continuous decrease in smoking rates in the Company. Just under 40% of our staff smoked in 1995. This slowly decreased to around 25% until the beginning of 2005. In 2005, the rate of smokers dropped sharply to just above 10%. Over the next 5 years the rate leveled off. In 2010, we see another sharp drop to under 5% of people smoking among the staff.

여기에 있는 선 그래프는 회사 내에서 점점 하락하는 흡연율을 여실히 보여줍니다. 1995년에는 40% 미만의 직원들이 흡연했습니다. 이것이 2005년 초까지 25% 까지 천천히 하락했습니다. 2005년에는 흡연자들의 비율이 급작스럽게 떨어져 10%가 조금 넘는 숫자를 기록했습니다. 그 다음 5년은 안정적인 수치를 보입니다. 2010년에는 또다시 급격한 하락을 보이며 직원 중 흡연을 하는 사람들이 5% 미만을 기록하였습니다.

Level 4

We have here a line graph clearly displaying a continual downtrend in smoking rates among the staff. Before 1995, the rate of smokers within the Company was upwards of 40%. Over the following decade, this number gradually lessens to roughly 25% at the beginning of 2005. We then notice an intense downturn to roughly half of the previous 2005 numbers. Over the next half decade, however, this trend eases off. A second abrupt drop during 2010 brings us in the ballpark of 5% of staff still smoking. These trends, once again, ease off and are currently steady at between 3% and 5%.

여기 이 선 그래프는 확실하게 계속되는 하락세를 보이는 직원들의 흡연율을 보여줍니다. 1995년 이전에 사 내의 흡연자의 비율은 40%를 기록했습니다. 그 다음 10년 동안 숫자가 계속해서 줄어들어 2005년 초에는 대략 25%까지 떨어졌습니다. 그리고 급작스러운 하락을 볼 수 있는데 이는 2005년 이전의 숫자의 대략 반 정도의 수치입니다. 그런데 이다음 5년 동안은 이런 하락세가 약해집니다. 2010년에 일어난 두 번째 급강세는 흡연자의 비율을 5% 범위 내로 떨어뜨립니다. 이러한 경향은 다시 한번 약해져서 현재는 꾸준한 수준인 3%에서 5% 사이를 기록합니다.

Level 5

🎧 A.83_05.mp3

What we see here is a definite illustration of the sustained descent in smoking rates among the staff at the Company. In years prior to 1995, we can see the beginnings of this decline from slightly fewer than 40% to fewer than 25% of staff smoking a little more than a decade later. A drastic fall-off is seen in 2005 ending in the neighborhood of 13%. At the end of 2005, this precipitous trend abates and figures remain consistent for little more than half a decade until early 2010. This brings us to a second free-fall in number of smokers at the Company to fewer than 5% of smokers on staff. These figures have remained stagnant, however, to the present day.

여기서 보는 그래프는 사내 직원들의 흡연율의 지속적인 하락세를 잘 보여주고 있습니다. 1995년 이전에는 이 감소율이 시작되어 40%에 못 미치는 숫자에서 10년이 조금 지난 후에는 25% 이하의 직원들이 담배를 피웁니다. 2005년에 급강세 보이며 이로 인해 흡연율이 13% 정도로 떨어집니다. 2005년 말에는 가파른 하락세가 약해지고 이 동향은 2010년 초반인 5년보다 조금 많은 기간 동안 지속적으로 꾸준한 수준으로 머뭅니다. 이후에 등장하는 두 번째 급락기는 회사 내의 흡연자의 숫자를 전체의 5% 미만으로 떨어뜨립니다. 그리고 이 수치는 계속해서 약화되어 현재까지 지속되고 있습니다.

KEY EXPRESSION 필요한 문장에 ✓ 하세요.

☐ Here we have a line graph giving us a clear view of the continuous decrease in smoking rates in the Company.
여기에 있는 선 그래프는 회사 내에서 점점 하락하는 흡연율을 열심히 보여줍니다.

☐ Just under 40% of our staff smoked in 1995.
1995년에는 40% 미만의 직원들이 흡연했습니다.

☐ This slowly decreased to around 25% until the beginning of 2005.
이것이 2005년 초까지 25%까지 천천히 하락했습니다.

☐ In 2005, the rate of smokers dropped sharply to just above 10%.
2005년에는 흡연자들의 비율이 급작스럽게 떨어져 10%가 조금 넘는 숫자를 기록했습니다.

☐ Over the next 5 years the rate leveled off.
그 다음 5년은 안정적인 수치를 보입니다.

☐ In 2010, we see another sharp drop to under 5% of people smoking among the staff.
2010년에는 또다시 급격한 하락을 보이며 직원 중 흡연을 하는 사람들이 5% 미만을 기록하였습니다.

☐ We have here a line graph clearly displaying a continual downtrend in smoking rates among the staff.
여기 이 선 그래프는 확실하게 계속되는 하락세를 보이는 직원들의 흡연율을 보여줍니다.

☐ Before 1995, the rate of smokers within the Company was upwards of 40%.
1995년 이전에 사 내의 흡연자의 비율은 40%의 높은 숫자를 기록했습니다.

☐ Over the following decade, this number gradually lessens to roughly 25% at the beginning of 2005.
그 다음 10년 동안 숫자가 점차 감소하여 2005년 초에는 약 25%까지 떨어졌습니다.

☐ These figures have remained stagnant, however, to the present day.
이 수치는 계속 약화되어 현재까지 지속됩니다.

MEMO

Listening Comprehension

Unit 06
청취 이해력

PART 02 Possible Questions & Answers

Chapter 15
Summary 듣고 요약하기

Chapter 15
Summary
듣고 요약하기

PART 02 Possible Questions & Answers

챕터소개

면접관이 읽어주는 지문을 듣고 요약하는 문제 유형이다. 많은 응시자들이 가장 어려워하는 파트이다. 지문내용은 30~40초 분량이며 다양한 주제가 출제된다. 듣고 요약하는 문제(Summary)는 SPA 시험에 있어 점수 배점이 가장 크다. 따라서 Level 4와 Level 5를 결정짓는 문제가 바로 이 듣고 요약하기 문제이다. 듣기 실력과 말하기 실력이 모두 평가되므로 평소 긴 지문듣기 실력을 쌓아두어야 한다.

출제경향

보통 30~40초 분량의 지문을 읽어준다. 예전에는 시험 맨 마지막 부분에 이 유형이 출제 되었지만 간단한 개인질문 뒤에 바로 듣고 요약하는 문제가 나온다. 따라서 Summary 유형이 막히면 남은 시험에도 심리적인 영향이 미치므로 이 유형에서 답변을 잘 해야 한다. 이슈가 되고 있는 다양한 사회적 이슈, 새로 등장한 기계나 기술, 경제 관련 내용 등이 자주 출제되었다.

답변전략

영어 뉴스를 많이 듣자!

실제 시험처럼 AP통신이나, 그 외 영어 뉴스를 두 번 듣고, 요약하기 연습해 본다. 답변 내용을 녹음을 하면 발음이나, 억양, 내용의 흐름 등을 객관적으로 평가할 수 있다.

두 번의 기회를 잘 활용하자!

앞서 말한 바와 같이 응시자는 내용을 두 번 들을 기회가 있다. 첫 번째는 전체 내용을 먼저 파악한다. 두 번째 들을 때는 키워드를 파악하고 5W1H에 맞춰 내용을 자세히 들어야 한다. 또한 첫 문장과 마지막 문장을 주의 깊게 듣고 자신의 말로 바꾸는 것도 좋은 답변 전략이 된다.

> Level 3까지는 상투구문(ex. According to the passage, The article says~ etc.) 활용이 유용하고 Level 4이상을 목표하는 응시생들은 상투구문 대신, 바로 듣고 답변하는 것이 고득점 전략이다.

기출공략 문제

Chapter 15
Summary 듣고 요약하기

🎧 Q.84_01.mp3

Q 01. Please summarize this passage. You can listen to this twice.

이 단락을 요약하십시오. 이 단락은 두 번 들으실 수 있습니다.

> Japan has its lowest number of children ever. Figures released the day before the country's Children's Day holiday on May the 5th show that the number of children fell from last year. It is the 33rd year in a row for the birth rate to drop. Japan has 13 million fewer children than in 1950. Of 30 countries with a population of over 40 million, Japan has the smallest percentage of kids - just 12.8%. In the USA, this figure is 19.5%.
>
> The number of children is going down, but the number of old people is increasing. This will continue for many decades. The over-65s could be 40% of the population in 2060. This will be hard for young people. They will pay higher taxes to support the over-65s. There will not be enough young people. Japan has tried to get people to have more babies, but nothing works.
>
> 일본이 사상 최저의 어린아이 숫자를 기록했습니다. 일본의 어린이 날인 5월 5일 하루 전에 발표된 자료에 따르면 어린아이의 숫자가 작년보다 감소했습니다. 이는 출생률이 33년 연속 하락한 것입니다. 1950년과 비교하여 현재 일본에는 1,300만 명의 어린이가 감소했습니다. 4천만 이상의 인구를 보유한 30개국 중에서 일본은 12.8%라는 가장 적은 어린이 비율을 보이고 있습니다. 미국은 19.5%입니다.
>
> 아이들의 숫자는 줄어드는 반면에 노인들의 숫자는 증가하고 있습니다. 이 현상은 앞으로 수십 년간 이어질 것입니다. 2060년에는 65세 이상의 인구가 40%를 기록할 수도 있습니다. 이는 젊은이들에게 힘든 일이 될 것입니다. 65세 이상의 인구를 책임지기 위해 더 높은 세금을 내야 합니다. 그리고 젊은이들의 숫자가 충분하지 않을 것입니다. 일본은 출산을 장려하기 위해 많은 노력을 했지만 성공하지는 못했습니다.

 **Level 3**   🎧 A.84_03.mp3

On May 4th, before Japan's Children's Day holiday, figures were released showing that Japan reached their lowest number of children in 33 years. Japan has the smallest percentage out of 30 countries at 12.8%. By 2060, people over 65 might make up 40% of the population. Taxes on young people will be higher to help support them. Nothing works to get people to have more babies.

일본의 어린이날 전날인 5월 4일에 일본의 어린아이 숫자가 33년 동안 가장 낮은 수를 기록했다는 발표가 있었습니다. 일본은 30개국 중에 가장 적은 비율인 12.8%를 기록했습니다. 2060년이 되면 65세를 넘는 사람들이 전체 인구의 40%를 차지하게 될 것입니다. 그들을 부양하기 위해 젊은이들이 더 많은 세금을 낼 수도 있습니다. 출산장려를 위한 모든 방법이 실패했습니다.

Level 4   🎧 A.84_04.mp3

The day before Japan's Children's Day holiday, figures were released showing Japan hit an all time low rate of child birth in 33 years. Out of 30 countries, Japan ranked lowest at 12.8%. It's expected that by 2060 40% of their population will be 65 and older. Taxes on the young in support of seniors will grow. Nothing seems to help inspire people to have more kids.

일본의 어린이날 전날, 일본의 출산율이 33년간 가장 낮은 수를 기록했다는 발표가 났습니다. 33개국 중에 일본은 12.8%로 가장 낮은 숫자를 기록했습니다. 2060년에는 전체 인구의 40%가 65세 이상이 될 것으로 예상됩니다. 노인인구를 부양하기 위한 젊은이들의 세금율이 상승할 것입니다. 출산율을 높이기 위한 어떤 방법들도 효과가 없는 것 같습니다.

Level 5   🎧 A.84_05.mp3

Figures were released the day before Children's Day in Japan showing the lowest rate of childbirth in 33 years. Out of 30 countries with populations over 40million, Japan ranked lowest with a 12.8% birthrate. It is possible that by 2060 upwards of 40% of the population will be 65 and over. Support of the elderly will become a greater tax burden on future generations. Despite this, efforts to motivate people to have more children are failing.

일본 어린이날의 하루 전날에 일본의 출산율이 33년간 최저치를 기록했다는 발표가 있었습니다. 4천만 이상의 인구가 있는 30여 개의 국가 중에 일본은 12.8%라는 최하의 출산율을 기록했습니다. 2060년에는 전체 인구의 40% 이상이 65세 이상일 수 있다는 가능성이 제기되었습니다. 노인들의 삶을 지원하기 위해선 미래 세대에 더 큰 세금 부담이 있을 것입니다. 이러한 상황에도 불구하고 출산율을 장려하기 위한 노력이 실패하고 있습니다.

KEY EXPRESSION 필요한 문장에 ✓ 하세요.

☐ The day before Japan's Children's Day holiday,
일본의 어린이날 전날,

☐ On May 4th, before Japan's Children's Day holiday,
일본의 어린이날 전날인 5월 4일에,

☐ Figures were released showing that Japan reached their lowest number of children in 33 years.
일본의 아이들 수가 33년 동안 가장 낮은 수를 기록했다는 발표가 있었습니다.

☐ the lowest rate of childbirth
최저 출산율

☐ Japan has the smallest percentage out of 30 countries at 12.8%.
일본은 30개국 중에 가장 적은 비율인 12.8%를 기록했습니다.

☐ Out of 33 countries, Japan ranked lowest at 12.8%.
33개국 중에 일본은 12.8%로 가장 낮은 숫자를 기록했습니다.

☐ By 2060, people over 65 might make up 40% of the population.
2060년이 되면 65세를 넘는 사람들이 전체 인구의 40%를 차지하게 될 것입니다.

☐ Taxes on the young in support of seniors will grow.
노인인구를 부양하기 위한 젊은이들의 세금율이 상승할 것입니다.

☐ Nothing seems to help inspire people to have more kids.
출산율을 높이기 위한 어떤 방법들도 효과가 없는 것 같습니다.

Q.85_01.mp3

Q 02. Please summarize this passage. You can listen to this twice.

이 단락을 요약하십시오. 이 단락은 두 번 들으실 수 있습니다.

> A potential Internet tax in Hungary has been shelved. It was going to be imposed on Internet traffic. The public and businesses were against it. The government put the plan on hold because of protests in the capital. It also took heed of warnings from the European Union stating that the tax would be a bad decision. The news was conveyed through the radio. Hungary's leader said, "If the people not only hate something, but also think it doesn't make sense, then it should not be done."
>
> This reversal is not yet a victory for the public. The government will convene again next year to brainstorm ideas on how to tax the Internet. It will have to be different. The public was worried this would reduce freedom of expression and hurt online companies. More than 250,000 likes have been collected for a Facebook campaign against the tax.
>
> 헝가리의 인터넷 세금 심의가 보류되었습니다. 인터넷 사용량에 대한 세금이 부과될 계획이었습니다. 이에 대해 대중과 기업체는 반발했습니다. 헝가리 정부는 수도에서 일어난 반대 시위에 의해 계획을 잠시 보류하였습니다. 이번 세금 방안이 안 좋은 결정이라는 EU의 경고도 영향을 주었습니다. 이번 뉴스는 라디오를 통해 전해졌습니다. 헝가리의 지도자는 "사람들이 무언가를 싫어할 뿐만 아니라 말도 안 된다고 생각한다면 그건 반드시 중단되어야 한다"고 말했습니다.
>
> 하지만 이 반전이 대중의 승리라고 단정 짓기는 어렵습니다. 헝가리 정부는 내년에 다시 한번 인터넷 세금에 대한 방안을 모색할 회의를 소집할 것입니다. 하지만 이는 다르게 사용되어야 합니다. 대중들은 이 결정이 표현의 자유성을 억압하고 인터넷 기반 회사에 피해를 줄 것이라 걱정합니다. 이 세금에 대한 반대 의견으로 페이스북에서 250,000명의 사람들이 '좋아요'를 눌렀습니다.

 Level 3

A.85_03.mp3

An Internet tax on traffic in Hungary has been stopped temporarily. The government stopped it after protests by the public. Businesses and the EU were also against it. The issue isn't finished yet because next year, the government will meet again to find another way to tax the Internet. People worried that the law would be bad for freedom of speech and online companies. A Facebook page got over 250,000 likes in a campaign against the tax.

헝가리의 인터넷 사용량 과세가 잠시 중단되었습니다. 헝가리 정부는 대중의 반대 시위 때문에 보류하였습니다. 기업체와 EU도 이 결정에 반대를 표했습니다. 하지만 이 사안이 아직 종결된 것은 아닙니다. 내년에 정부가 다른 방법으로 인터넷 세금을 부과할 목적으로 회의를 소집할 것이기 때문입니다. 대중들은 이 법안이 표현의 자유와 인터넷 기반 회사에 피해를 줄 것이라 걱정하고 있습니다. 이 세금안을 반대하는 캠페인에 250,000명 이상의 사람들이 '좋아요'를 눌렀습니다.

Level 4

🎧 A.85_04.mp3

An Internet traffic tax in Hungary has been put off. Public protests, business rejection and warnings from the EU, forced the government to stop it. This won't be the end of the issue as the government will assemble next year to come up with another way to tax the Internet. A Facebook page collected over 250,000 likes with people worried about freedom of speech and companies losing business.

헝가리의 인터넷 사용량 과세가 보류되었습니다. 대중의 반대 시위와 기업체의 반발, EU의 경고 등이 헝가리 정부로 하여금 잠시 멈추게 만들었습니다. 하지만 이것이 이 사안의 끝은 아닐 것으로 보입니다. 헝가리 정부는 내년에 다시 한번 인터넷 과세에 대한 다른 방안을 내놓기 위한 회의를 소집할 것이기 때문입니다. 표현의 자유권에 대한 우려와 사업에 악영향을 끼칠까 걱정하는 사람들로 이 사안은 페이스북에서 250,000명 이상이 '좋아요'를 돌파했습니다.

Level 5

🎧 A.85_05.mp3

The Hungarian government has postponed an Internet traffic tax amid public protest and business backlash. The EU also gave warnings. The issue is not yet settled as the government plans to reconvene next year to discuss other methods of Internet taxation. People concerned the tax would curtail freedom of expression and diminish online business have collected over 250,000 likes on Facebook in a campaign against the tax.

헝가리 정부가 대중의 반대 시위와 기업체의 반발에 의해 인터넷 사용량 과세 사안을 연기했습니다. EU 역시 이에 대해 경고하였습니다. 하지만 이 사안은 아직 종결되지는 않았습니다. 정부가 내년에 인터넷 과세를 위한 다른 방안을 고안할 회의를 소집할 계획이기 때문입니다. 이 세금이 표현의 자유를 억제하고 인터넷 기반 사업을 축소화할 것이란 우려를 표하는 사람들로 인해 이 과세를 반대하는 캠페인 페이스북에 250,000개의 '좋아요'가 돌파했습니다.

KEY EXPRESSION 필요한 문장에 ✔ 하세요.

☐ An Internet tax on traffic in Hungary has been stopped temporarily.
   헝가리의 인터넷 사용량 과세가 잠시 중단되었습니다.

☐ The government stopped it after protests by the public.
   헝가리 정부는 대중의 반대 시위 때문에 보류하였습니다.

☐ Businesses and the EU were also against it.
   기업체와 EU도 이 결정에 반대를 표했습니다.

☐ The issue isn't finished yet.
   하지만 이 사안이 아직 종결된 것은 아닙니다.

☐ Because next year, the government will meet again to find another way to tax the Internet.
   내년에 정부가 다른 방법으로 인터넷 세금을 부과할 목적으로 회의를 소집할 것이기 때문입니다.

☐ People worried that the law would be bad for freedom of speech and online companies.
   대중들은 이 법안이 표현의 자유와 인터넷 기반 회사에 피해를 줄 것이라 걱정하고 있습니다.

☐ A Facebook page got over 250,000 likes in a campaign against the tax.
   이 세금안을 반대하는 캠페인에 250,000명 이상의 사람들이 '좋아요'를 눌렀습니다.

☐ An Internet traffic tax in Hungary has been put off.
   헝가리의 인터넷 사용량 과세가 보류되었습니다.

☐ Public protests, business rejection and warnings from the EU, forced the government to stop it.
   대중의 반대 시위와 기업체의 반발, EU의 경고 등이 헝가리 정부로 하여금 잠시 멈추게 만들었습니다.

03. Listen to the following passage and summarize.

다음 단락을 듣고 요약하십시오.

> The sight of electric cars in the streets is steadily growing around the world. Many people drive electric cars these days because they want to reduce air pollution as much as possible. Electric cars are generally much quieter and cleaner compared with regular cars. With oil prices increasing, car companies are producing more electric cars than ever before. With serious concerns about air pollution, electric cars are expected to be more popular in the near future.
>
> 세계 여러 나라의 길거리에서 전기 자동차가 지나다니는 모습이 빈번해지고 있습니다. 요즘 많은 이들이 전기 자동차를 모는데 이는 대기 오염을 최대한 줄이기 위함입니다. 전기 자동차는 보통 자동차와 비교하여 훨씬 조용하고 깨끗합니다. 석유값이 상승하는 가운데 자동차 회사들이 이전과 비교하여 더 많은 전기 자동차를 생산하고 있습니다. 대기 오염에 대한 심각한 우려 속에서 가까운 미래에 전기 자동차가 더욱 대중화 될 것으로 예상됩니다.

 Level 3

The sight of electric cars is growing steadily around the world because people want to reduce air pollution. They're much quieter and cleaner. Also, oil prices are increasing so more companies are making them. Soon they will be even more popular.

세계 많은 곳에서 점점 더 많이 전기 자동차를 볼 수 있는데 이는 대기 오염을 감소시키기 위함입니다. 전기 자동차는 훨씬 조용하고 깨끗합니다. 또한 석유 값이 상승하면서 더 많은 회사에서 전기 자동차를 만들고 있습니다. 전기 자동차가 곧 더 많은 인기를 끌 것입니다.

Level 4

People are seriously concerned with air pollution and increasing oil prices. To help reduce this, electric cars are steadily becoming popular around the world. They're cleaner and quieter than regular cars.

사람들이 대기 오염과 유가 상승으로 인해 심각하게 우려하고 있는 가운데 이를 해결하기 위해 세계 곳곳에서 전자 자동차가 꾸준히 인기를 끌고 있습니다. 전기 자동차는 일반 자동차보다 깨끗하고 조용합니다.

Level 5

More and more people are driving electric cars because of serious concerns about pollution and increasing oil prices. Companies are producing more electric cars than ever before. Electric cars are much quieter and cleaner than regular cars.

오염과 상승하는 유가에 대한 심각한 우려 때문에 더 많은 사람들이 전기 자동차를 찾고 있습니다. 자동차 회사들도 이전보다 더 많은 전기 자동차를 생산합니다. 전기 자동차는 보통의 자동차보다 깨끗하고 조용합니다.

KEY EXPRESSION 필요한 문장에 ✔ 하세요.

☐ The sight of electric cars is growing steadily around the world because people want to reduce air pollution.
세계 많은 곳에서 점점 더 많은 전기 자동차를 볼 수 있는데 이는 대기 오염을 감소하기 위해서 입니다.

☐ They're much quieter and cleaner.
전기 자동차는 훨씬 조용하고 깨끗합니다.

☐ Also, oil prices are increasing so more companies are making them.
또한 석유 값이 상승하면서 더 많은 회사에서 전기 자동차를 만들고 있습니다.

☐ Soon they will be even more popular.
전기 자동차가 곧 더 많은 인기를 끌 것입니다.

☐ People are seriously concerned with air pollution and increasing oil prices.
사람들이 대기 오염과 유가 상승을 인해 심각하게 우려하고 있습니다.

☐ To help reduce this, electric cars are steadily become popular around the world.
이를 감소하기 위해 세계 곳곳에서 전기 자동차가 꾸준히 인기를 끌고 있습니다.

☐ They're cleaner and quieter than regular cars.
전기 자동차는 일반 자동차보다 깨끗하고 조용합니다.

☐ More and more people are driving electric cars because of serious concerns about pollution and increasing oil prices.
오염과 유가 상승에 대한 심각한 우려 때문에 더 많은 사람들이 전기 자동차를 찾고 있습니다.

☐ Companies are producing more electric cars than ever before.
자동차 회사들도 이전보다 더 많은 전기 자동차를 생산합니다.

☐ Electric cars are much quieter and cleaner than regular cars.
전기 자동차는 일반 자동차보다 깨끗하고 조용합니다.

03-1. What bad point do regular cars have? [03 추가질문]

자동차의 단점은 무엇입니까?

Level 3

First of all, most cars are noisy and have so many moving parts that can break down and need to be fixed or replaced. Then there's the exhaust. Even the newest models smell bad.

우선, 대부분의 자동차들은 시끄럽고 고장이 날 수 있으며 수리하거나 교체해야 하는 부품이 많습니다. 그리고 배기가스를 만듭니다. 최신 모델들조차 나쁜 냄새가 납니다.

Level 4

Firstly, a majority of cars are noisy. They also have thousands of moving parts that fall apart over time and need to be fixed or replaced. Then there's the issue of exhaust. Not even the newest models can avoid smelling rank.

우선, 대부분의 자동차들은 시끄럽습니다. 그리고 시간이 지나면 망가져서 고치거나 교체해야 하는 수천 개의 부품이 생깁니다. 그리고 배기가스 배출 문제가 있습니다. 최신 모델도 냄새가 나는 것에서 자유로울 수 없습니다.

Level 5

In the first place, the majority of cars create quite a din. Along with that, the thousands of moving parts deteriorate and require repair or replacement. In addition to these points is exhaust fumes. The newest models also emit noxious fumes.

가장 첫 번째로, 대부분의 자동차는 많은 소음을 만듭니다. 이뿐만 아니라 수천 개의 부품이 망가지면서 수리나 교체를 필요로 합니다. 그리고 또 다른 문제는 배기가스입니다. 최신 모델조차 유독가스를 배출합니다.

KEY EXPRESSION 필요한 문장에 하세요.

☐ First of all, most cars are noisy and have so many moving parts that can break down and need to be fixed or replaced.
우선, 대부분의 자동차들은 시끄럽고 고장이 나거나 고치거나 교체해야 하는 부품이 너무 많습니다.

☐ Then there's the exhaust.
그리고 배기가스를 만듭니다.

☐ Even the newest models smell bad.
최신 모델들조차 나쁜 냄새가 납니다.

☐ Firstly, a majority of cars are noisy.
우선, 대부분의 자동차들은 시끄럽습니다.

☐ They also have thousands of moving parts that fall apart over time and need to be fixed or replaced.
그리고 시간이 지나면 망가져서 고치거나 교체해야 하는 수천 개의 부품이 생깁니다.

☐ Then there's the issue of exhaust.
그리고 배기가스 배출 문제가 있습니다.

☐ Not even the newest models can avoid smelling rank.
최신 모델도 냄새가 나는 것에서 자유로울 수 없습니다.

☐ In the first place, the majority of cars create quite a din.
가장 첫 번째로, 대부분의 자동차는 많은 소음을 만듭니다.

☐ Along with that, the thousands of moving parts deteriorate and require repair or replacement.
이뿐만 아니라 수천 개의 부품이 망가지면서 수리나 교체를 필요로 합니다.

☐ In addition to these points is exhaust fumes.
그리고 또 다른 문제는 배기가스입니다.

☐ The newest models also emit noxious fumes.
최신 모델조차 유독가스를 배출합니다.

 03-2. What else is making electric cars popular?

전기 자동차가 인기 있는 다른 요인은 무엇입니까?　　　　　[**Q**03 추가질문]

 Level 3

The technology and design are getting much better. Battery technology is getting better and travelling distances are almost double what they were just 5 years ago. Charging stations are also faster and there are more becoming available all the time.

기술과 디자인이 훨씬 좋아지고 있습니다. 배터리 기술이 발전하고 있어서 5년 전의 이동 거리의 거의 두 배를 운전할 수 있습니다. 충전도 빠르고 충전할 수 있는 충전소가 점점 더 많아지고 있습니다.

Level 4

The level of technology and quality of design are quickly becoming superior to the past. Battery life and travel distances have nearly doubled in the past five years. There are a greater number of charging stations and their charging speeds are improving as well.

과거에 비해 기술의 수준과 디자인의 탁월함이 신속하게 성장하고 있습니다. 지난 5년간 배터리 수명과 이동 거리도 거의 두 배 수준으로 올랐습니다. 충전소의 숫자도 많고 충전 속도 역시 향상되고 있습니다.

Level 5

The rate at which battery technology advances has increased the popularity of EVs. The quality of design has also greatly improved. The availability and convenience of charging stations has also been enhanced.

배터리 관련 기술이 발전하는 속도가 전자차의 인기를 상승시켰습니다. 디자인의 수준 역시 상당히 발전했습니다. 충전소의 유용성과 편의 역시 향상되었습니다.

KEY EXPRESSION   필요한 문장에 ✔ 하세요.

☐ The technology and design are getting much better.
기술과 디자인이 훨씬 좋아지고 있습니다.

☐ Battery technology is getting better and travelling distances are almost double what they were just 5 years ago.
배터리 기술이 발전하고 있어서 5년 전의 이동 거리의 거의 두 배를 운전할 수 있습니다.

☐ Charging stations are also faster and there are more becoming available all the time.
충전도 빠르고 충전할 수 있는 충전소가 점점 많아지고 있습니다.

☐ The level of technology and quality of design are quickly becoming superior to the past.
과거에 비해 기술의 수준과 디자인의 탁월함이 신속하게 성장하고 있습니다.

☐ Battery life and travel distances have nearly doubled in the past five years.
지난 5년간 배터리 수명과 이동 거리도 거의 두 배 수준으로 올랐습니다.

☐ There are a greater number of charging stations and their charging speeds are improving as well.
충전소의 숫자도 많고 충전 속도 역시 향상되고 있습니다.

☐ The rate at which battery technology advances has increased the popularity of EVs.
배터리 관련 기술이 발전하는 속도가 전자차의 인기를 상승시켰습니다.

☐ The quality of design has also greatly improved.
디자인의 수준 역시 상당히 발전했습니다.

☐ The availability and convenience of charging stations has also been enhanced.
충전소의 유용성과 편의 역시 향상되었습니다.

저자

Ally Park 앨리 박

약력
현) 앨리펀쇼 대표
　　JEI English TV '앨리의 영어쇼' 진행, 스마트TV '앨리의 Fun English' 진행
전) 종로 YBM시사
　　KBS 황정민 아나운서 외 1:1 코칭
　　CEO 코칭 (잡코리아, 51K, J 엔터테인먼트, 크릭앤리버, Media4th 외 다수)
　　르노삼성자동차 / 한국 닛산 임원 전담 Presenter

저서
Ally의 초등임용 영어면접

Pol Haskill

약력
1:1 coaching (NHN co-founder, SK Energy VPs,
SK Telecom VPs, S-Oil VPs, CJ Music CEO 외 다수)
Teaching executives and business groups
English job interview coaching with Innospeech

Lindsay Oh 린지 오

약력
현) Macquarie English Institute SPA 대표 강사
　　앨리펀쇼 SPA 동영상 대표 강사
전) Labs Academy SPA 대표 강사
　　Eboyoung Talking Club 강사
　　E-land 본사 및 SPAO sourcing 부서 Trading, Sourcing 담당
　　University of Newcastle International Business 전공
　　서강대학교 경영학과

한 권으로 끝내는 NEW SPA 기출공략

초 판 발 행	2015년 06월 24일
2 쇄 발 행	2015년 11월 13일
편 저 자	Ally Park 앨리 박, Pol Haskill, Lindsay Oh 린지 오
발 행 인	김용한
등 록	제319-2012-22호
발 행 처	에듀에프엠
주 소	서울 동작구 노량진 1동 217-43(402호)
교 재 문 의	TEL) 02-6004-5476 / FAX) 02-822-2320
학 습 문 의	www.edufm.net

· 본서의 무단 전재·복제 행위는 저작권에 의거, 5년 이하의 징역 또는 5,000만 원 이하의 벌금에 처하거나 이를 병과할 수 있습니다.

저자와의 협의아래 인지생략

가 격　20,000원　　ISBN 979-11-85416-38-0